KB125833

산을 품은
왕들의 도시

서울편① : 서울 풍경의 탄생

1

역사 인물 환생 인터뷰- 정도전

산을 품은 왕들의 도시1
- 서울편① : 서울의 탄생

펴낸날 | 2023년 3월 17일

지은이 | 이기봉
사진 | 서민호
편집 | 정미영
디자인 | 박현정
마케팅 | 홍석근
펴낸곳 | 도서출판 평사리 Common Life Books
출판신고 | 제313-2004-172 (2004년 7월 1일)
주소 | 경기도 고양시 덕양구 중앙로558번길 16-16, 7층
전화 | 02-706-1970   팩 스 | 02-706-1971
전자우편 | commonlifebooks@gmail.com
ⓒ2023 글 이기봉, 사진 서민호
ISBN 979-11-6023-321-6 (04910) 서울편①
ISBN 979-11-6023-320-9 (04910) 세트

역사 인물 환생 인터뷰

: 정도전 :

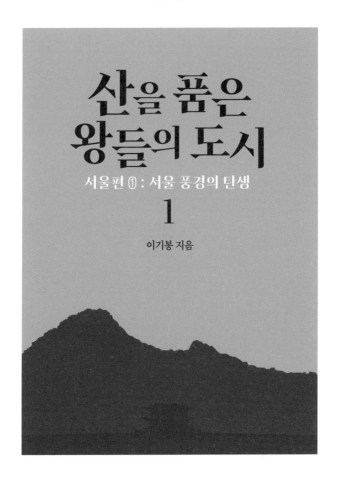

산을 품은
왕들의 도시

서울편 ① : 서울 풍경의 탄생

1

이기봉 지음

평사리
Common Life Books

왜 경복궁은 세계의 다른 문명이나 나라의 궁궐에 비
해 상대적으로 웅장하지도 화려하지도 않을까?

한·중·일만 비교하던 시절에도 이런 의문이 제기되
었고, 나라가 작아서, 물산이 많지 않아서, 사대事大를
했기 때문에, 겸손을 미덕으로 삼는 유교 이념 때문에,
산이 많은 나라라서, 자연의 정복이 아니라 인간과 자
연의 조화를 추구하는 자연관 때문에, 농업 국가였기
때문에 등등 별의별 설명이 뒤따랐다. 부자나라가 되어
마음만 먹으면 세계 곳곳의 궁궐을 여행할 수 있고 여
행이 아니더라도 외국 곳곳의 궁궐을 속속들이 살펴볼
수 있는 미디어가 넘쳐나는 지금, 이 의문은 더욱 거세

질 수밖에 없다. 하지만 설명은 한 발짝도 나아가지 못하고 있는 듯하다.

과연 그럴까?

우리의 고개를 갸우뚱하게 만드는 의문은 경복궁을 포함하여 현존하는 우리나라 모든 전통 건축물의 웅장함과 화려함 문제에만 그치지 않는다. 풍수의 명당은 과연 살기에 좋고 편안한 공간인가? 명당을 찾아 궁궐과 왕릉을 만들면 나라가 번영하고, 집이나 무덤을 지으면 개인과 가문이 번성하는가? 서울 성곽은 왜 이리 높이가 낮고 해자도 없을까? 과연 방어력이 있을까? 세계의 다른 문명이나 나라의 전통정원과 달리 우리나라의 전통정원은 왜 자연과의 조화를 추구했을까? 명나라와 청나라를 사대했던 조선의 수도 서울은 과연 중국 도시계획의 영향을 받았을까? 받았다면 얼마나 어떻게 받았을까? 등등등.

풍수가 문화유전자로 자리 잡았던 620여 년 전, 서울의 도시 설계자 정도전은 풍수의 명당 이론에 따라 새로운 도읍터로 서울을 정했고, 경복궁과 종묘와 사직단의 위치를 잡았으며, 간선도로망을 설계하고 관청과 시장을 배치했으며, 서울 성곽을 축조하고 4대문과 4소문을 만들었다. 그런데 아이러니컬하게도 그는 풍수를 믿지 않았다. 이 책은 풍수도시 서울의 도시 설계자이면서도 풍수를 믿지 않았던 정도전이 하늘나라에서 환생하여 풍수를 어떻게 이해하였고, 풍수도시 서울을 어떻게 설계하여 만들어 갔는지를 하나하나 구체적으로 이야기해 주는 인터뷰의 형식으로 구성되었다. 그의 인터뷰를 다 읽고 나면 우리의 고개를 갸우뚱하게 만든 의문의 다수가 자연스럽게 풀려 있을 것이다.

역사 속에는 한 시대의 설명만으로는 모든 것이 깔끔하게 해소되지 않는 현상이 꽤 있다. 풍수도시 서울의 문제도 그 중의 하나이다. 만약 이 책에서 다 풀리지 않은 의문이 있다면 서울편 2에서, 그래도 풀리지 않은 것은 신라편에서, 그래도 그래도 풀리지 않은 것이 있다면 후삼국·고려편에서 풀어 드릴 것을 약속드린다.

몇 년 동안 늘 그래 왔지만 이번에도 한 장씩 완성될 때마다 읽어 주며 글쓰기의 호흡을 함께해 준 동료 유종연 선생님께 감사드린다. 서울 구석구석의 이야기를 들어 주고 답사와 촬영의 수고로움을 마다하지 않은 평사리출판사 홍석근 대표님께 필자 못지 않은 서울 전문가로 거듭 태어났음을 축하드린다. 끝으로 부족한 글을 다듬고 멋진 사진을 제공해 준 관계자 여러분께 고마운 마음을 전한다.

2023년 3월

개웅산을 바라보며 아끔말 이기봉 씀

차례

1부

서울은
하늘의 도시이지
땅의 도시가
아니다

시리 안녕하세요. 역사 방송 아나운서 안시리, 인사드립니다. 우리 역사 방송에서는 고대부터 조선시대까지 지금까지 우리가 알고 있던 역사 상식과 배치되는 우리나라의 수도 이야기를 하려고 합니다. 방송은 인터뷰 방식이고 역사 속의 관련 인물이 환생하여 등장하게 됩니다. 곧 '역사 인물 환생 인터뷰' 시리즈라 부르겠습니다. 이번에는 첫 편으로 정도전 선생님이 말하는 '서울의 탄생'을 준비했습니다. 주제만 들어도 어떤 이야기가 전개될지 무척 궁금하실 텐데요. 1395년 9월 1일 신도궁궐조성도감新都宮闕造成都監, 요즘말로 바꾸면 '새 수도궁궐조성특별위원회'의 핵심위원 여섯 분 중의 한 분으로 임명되어 새 수도 서울의 도시계획을 설계했던 삼봉 정도전(鄭道傳, 1342~1398년) 선생님을 모시고 풍수도시 서울의 이야기를 들어 보고자 합니다. 삼봉 선생님은 조선 건국의 일등 공신으로서 국가 전체가 나아가야 할 방향과 정치적·사회적 기본 틀을 만드신 분이라는 사실은 웬만한 우리나라 사람이라면 잘 알고 있을 것입니다. 그렇기에 이번 인터뷰에서는 그런 부분은 최대한 자제하고 새 수도 서울의 도시계획과 관련하여 필요할 때만 언급하도록 하겠습니다. 방송을 도와 주실 역사도우미 궁금 씨와 청중 열 분이 자리를 함께하셨습니다. 여러분 환영합니다. 궁금 씨, 한 말씀 하시죠.

궁금 시청자 여러분, 안녕하세요. 역사도우미 궁금 인사드립니다. 시청자 여러분을 대신하여 궁금해하실 만한 내용을 콕콕 집어서 질문드릴 수 있도록 노력하겠습니다.

시리 궁금 씨가 좋은 말씀을 해 주셨습니다. 이제 오늘의 주인공 삼봉 정도전 선생님을 모시겠습니다. 선생님, 어서 오세요. 모두 열렬한 환영의 박수 부탁드립니다.

삼봉 안녕하세요. '역사 인물 환생 인터뷰'에 출연하기 위해 일주일 전 하늘나라에서 잠시 이승으로 환생한 정도전 인사드립니다. 시청자 여러분 반갑습니다. 고려 말 조선 초의 급진 개혁가로서 저 정도전을 다룬 드라마나 다큐멘터리를 하늘나라에서 정말 많이 봤는데요. 서울 도시계획의 큰 틀을 잡은 새수도궁궐조성특별위원회의 핵심위원 자격으로 저를 불러 주실 줄은 미처 생각하지 못했습니다. 아무튼 불러 주셔서 감사드리고요, 덕분에 이승 구경도 잘 하고 올라가겠습니다. 풍수도시 서울의 탄생과 관련하여 궁금하신 것이 있다면 어

떤 질문도 좋습니다. 제가 알고 있는 거라면 성심성의

껏 대답해 드리겠습니다.

시리 우리 '역사 인물 환생 인터뷰'에 임하는 정도전 선생님

의 각오 잘 들었습니다. 자 그럼, 시작하도록 하겠습니

다. 궁금 씨, 첫 질문의 포문 열어 주시죠.

처음에는 왜 서울 천도를 반대했어요?

궁금 그러면 첫 질문 드리겠습니다. 오늘 선생님을 인터뷰에

초대한 이유가 새 수도 서울 도시계획의 큰 틀을 정하

셨던 여섯 핵심위원 중의 한 분이셨기 때문입니다만,

원래는 태조 임금님의 서울 천도遷都를 반대하셨던 것

으로 알고 있습니다. 혹시 맞나요?

삼봉 예, 맞아요. 반대했습니다.

궁금 태조 임금님과 함께 조선을 건국하는 데 가장 핵심적

인 역할을 했던 분이 선생님 아니신가요? 그렇다면 태

조 임금님이 적극적으로 추진하신 서울 천도에 대해

대부분의 사람들이 반대하더라도 최소한 선생님만은

태조 임금님의 편에 서서 적극 도와드려야 하는 게 인

간적인 도리道理 아닌가요?

삼봉 인간적인 도리…… 저는 정치든 사회든 인간적인 도리를 지키는 것이 무척 중요하다고 생각하며 그렇게 하려고 늘 노력해 왔습니다. 하지만 그렇다고 해도 같은 편이라는 이유만으로 상황이나 현상에 대한 판단도 하지 않고 무턱대고 찬성해야 하는 게 인간적인 도리라고는 생각하지 않습니다. 그건 아부하거나 편 가르기이죠. 아무리 대의大義를 함께하는 같은 편이라고 하더라도 사안이나 상황에 따라 판단이나 생각이 다를 수 있지 않을까요? 그럴 땐 반대 의견을 내고 서로 조정하면서 최선책을 찾아서 함께 가이야말로 인간적인 도리라고 생각합니다. 만약 조정이 안 된다면 조정이 될 때까지 잠시 침묵하거나, 심하게는 이별을 선택하는 것도 무턱대고 찬성하는 것보다 훨씬 더 인간적인 도리라고 봐요. 안시리 아나운서는 어떻게 생각하시나요?

시리 저도 그렇게 생각합니다만……. 그렇다면 개성에서 서울로의 천도에 대해 태조 임금님과 선생님 사이에 의견이 달랐다는 의미인가요?

삼봉 아니요. 같았어요.

시리　예? 같았다면 찬성하셨어야 하는 거 아닌가요?

삼봉　개성에서 서울로의 천도라는 대의의 차원에서 저는 주
　　　상 전하의 생각과 판단에 절대적으로 동의했습니다. 백
　　　성들에게 고려라는 구제불능의 나라를 일소하고 조선
　　　이라는 새로운 나라를 열어 간다는 의미에서, 고려의
　　　잔재가 남아 있는 개성에서 서울로의 천도만큼 강렬한
　　　상징을 찾기는 쉽지 않았으니까요. 하지만 천도의 시
　　　기라는 관점에서는 주상 전하의 생각과 판단에 동의할
　　　수 없었습니다.

시리　선생님, 무슨 말씀인지 알 것 같습니다. 대의에는 적극
　　　찬성하지만 실행 시기에 대해서는 동의할 수 없어서
　　　반대를 하셨다는 거네요.

삼봉　예, 맞아요.

시리　선생님, 좀 더 구체적으로 말씀해 주실 수 있나요?

삼봉　당연히 말씀드려야죠. 주상 전하와 함께 어렵게 건국
　　　한 우리 조선을 천년만년 번영하는 나라로 만들기 위
　　　해서는 기초를 튼튼하게 다질 시간이 많이 필요했습니
　　　다. 그런데 주상 전하는 천도를 너무 촉박하게 추진하
　　　셨고, 저는 그것이 나라의 기초를 튼튼하게 다지는 데

필요한 시간을 빼앗는다고 판단하여 반대했습니다. 새로운 나라 조선을 건국했지만 당시 30여 년 동안 홍건적과의 대규모 전쟁, 부원세력附元勢力과 권문세족을 척결하는 개혁 과정에서 발생한 사회·정치적 혼란, 우리나라 전 해안과 내륙에까지 미친 왜구의 극악한 약탈 등으로 백성들은 피폐해질 대로 피폐해진 상황이었습니다. 그런데 천도는 단지 수도를 옮긴다는 의미가 아니라 새로운 수도를 건설하여 옮긴다는 의미잖아요. 새로운 수도의 건설에는 엄청난 돈과 인력이 필요한데, 무리하게 추진했다가는 백성들의 원망을 사기에 딱 좋은 것이 천도이기도 합니다. 천도를 단행했다가 혹시라도 잘못되어서 백성들의 원망이 극도로 커진다면 무슨 일이 벌어지겠습니까? 망한 나라 고려에 대해 충성의 마음을 품고 있거나 그 정도까지는 아니더라도 향수를 갖고 있는 세력들에겐 반란의 좋은 빌미가 될 수밖에 없지 않을까요? 그러니 피폐해진 백성을 안정시키는 것이 필요했죠. 그렇게 하기 위해서는 백성을 안정시킬 수 있는 새로운 법과 제도를 정비하고 실행하여 정착시키는 게 우선이었습니다. 그런데 주상 전하께서는 천도를 엄청나게 빨리 추진하시는 거예요. 저는 그게 너무 위험하다고 봤고, 그래서 반대했던 겁니다.

궁금 태조 임금께서는 얼마나 빨리 천도를 추진하셨는데요?

삼봉 들으면 놀라실 겁니다. 주상 전하께서 고려 공양왕의 선위를 받아 즉위하신 것이 1392년 7월 17일이었는데요. 한 달도 안 된 8월 13일에 서울로 수도를 옮기라는 명령을, 이틀 후인 8월 15일에는 서울의 궁궐을 수리하라는 명령을 내리시더라고요. 저도 엄청나게 놀랐죠.

궁금 그렇게나 빨리요? 선생님도 모르셨다면 누구에게도 알리지 않고 전격적으로 실행하려 하셨던 거네요? 정말 놀랍네요.

삼봉 제가 놀랄 거라고 했잖아요. 저를 포함한 모든 신하들이 화들짝 놀라서 대책을 강구해야 했습니다. 9월 3일에 신하들을 대표하여 배극렴·조준 등이 강력한 반대 상소문을 올렸는데요. 우리 신하들의 강력한 반대 의지를 확인한 주상 전하께서는 서울로의 천도는 없던 일로 하겠다고 물러서시더라고요. 그래서 이젠 좀 안심해도 되겠다고 여겼는데, 얼마 안 있어 천도 자체를 포기하지 않으셨음을 증명하는 사건이 터집니다.

시리 이야기가 점점 흥미진진해지고 있는 것 같습니다. 어떤 사건이었나요?

삼봉 옛날에는 임금과 왕자들이 태어날 때 잘라 낸 태胎를 전국 방방곡곡의 명당터에 묻어서 관리하는 제도가 있었어요. 주상 전하께서도 즉위하신 후 당신의 태를 묻을 명당터를 물색하도록 권중화權仲和를 태실증고사胎室證考使로 임명하여 파견했죠. 그런데 주상 전하께서는 몰래 권중화에게 새 수도로 적합할 명당터도 찾아서 지도를 그려 올리라고 하셨더라고요. 그때 권중화가 찾아서 올린 새 수도 후보지가 계룡산 남쪽의 신도안이란 곳인데요. 그 사건이 알려지자 우리 신하들 사이에는 요즘 말로 멘붕 상태가 되었습니다. 겨우 정신을 차리고 의견을 모아서 반대 상소를 또 올렸죠. 그럼에도 주상 전하께서는 우리들의 반대를 무릅쓰고 1393년 2월 2일에 신도안에 직접 가서 살핀 후 도시를 건설하라고 명하시더라고요. 그때 주상 전하의 의지가 하도 강해서 도시 건설 공사가 일사천리로 진행되는 듯했습니다. 그때 숨죽이고 있던 우리 신하들은 풍수적으로 신도안의 흠결을 찾아내어 다시 강력한 반대 의견을 주상 전하께 올렸습니다. 그러자 주상 전하께서도 어쩔 수 없이 물러서면서 신도안의 도시 건설 공사는 12월 11일에 중단이 되었습니다. 저는 그것으로 천도에 대한 논의가 끝나길 간절히 바랐는데요. 주상 전하께서는 신도안은 포기했지만 이번에도 천도에 대한 의지는 전혀 꺾지 않으셨더라고요.

시리 태조 임금님의 천도에 대한 의지가 정말 대단하셨네요. 그런 분이라면 '그래. 너희들이 신도안이 안 된다고 그렇게 반대하니 내가 물러서지만 그렇다면 다른 곳을 물색해 봐라.' 뭐 이런 식으로 말씀하셨을 것 같은데요?

삼봉 바로 그렇게 하셨죠. 약 2개월 후인 1394년 2월 18일에 조준과 권중화 등 열한 명의 신하를 무악의 남쪽에 보내 천도 후보지로서의 적합성을 살펴보게 하셨는데요. 닷새 후인 23일에 조사 결과가 보고되었습니다. 여기서 무악은 지금의 연세대학교 뒤쪽 안산을 가리킵니다.

궁금 선생님, 안산 남쪽의 연세대학교 지역은 제가 보기에 그렇게 넓지 않은 것 같은데요…….

삼봉 궁금 씨의 말이 맞아요. 그렇게 넓지 않은 곳에 대한 조사 결과이니까 좀 부정적이지 않았겠어요? 제가 그때의 보고 내용을 말씀드려 볼게요. 권중화와 조준 등이 무악으로부터 돌아와서 "무악의 남쪽은 땅이 좁아서 수도를 옮길 수 없습니다."라고 보고했는데요. 하륜만이 홀로 "무악의 명당터가 비록 좁은 것 같지만 송도의 강안전, 평양의 장락궁과 비교하면 조금 넓은 편입니다. 또한 고려 왕조의 풍수 관련 비록秘錄과 중국에서 유행하고 있는 풍수지리의 방법에도 모두 부합됩니다."라고 주장했습니다. 그랬더니 주상 전하께서 "내가 직접 보고 정하겠노라."라고 말씀하시더라고요.

궁금 그래서 바로 가셨나요?

삼봉 궁금 씨가 많이 궁금하신가 보네요. 바로는 아니고요, 4개월이 조금 지난 6월 27일에 주상 전하께서 당시 최고의 의결기관이었던 도평의사사都評議使司에게 무악의 조사 결과를 재검토하라는 명을 내리셨습니다. 그때의 주상 전하 명령서도 가져왔는데 한번 들어 보실래요?

궁금 예! 듣고 싶습니다!

삼봉 하하하! 알겠어요. 주상 전하께서는 이렇게 말씀하셨어요. "무악의 새 수도 후보지의 땅은 앞서 십여 명의 재상들에게 살펴보도록 명하였고, 지금은 이미 하나의 의견으로 모아졌다. 그런데 풍수지리를 맡고 있는 서운관 관원 유한우와 이양달 등이 자기들이 배운 바로 보아서는 수도로 정할 땅이 아니라고 하더라. 나라의 큰 일이 이것보다 중요한 것이 없는데, 혹은 좋다 하고 혹은 좋지 않다고 하니 전에 가서 조사한 재상과 서운관 관원을 모아 그 옳고 그른 것을 물어 논의해서 알리라." 이에 주상 전하의 명을 받은 권중화와 김사형이 여러 재상들과 함께 서운관이 말한 바를 정리하여 보고하였는데요. 보고 내용의 핵심은 "모두 옳지 못하다."는 것이었습니다. 그랬더니 주상 전하께서는 다른 좋은 곳을 찾아보도록 하라는 명을 또 내리시더라고요.

시리 태조 임금님도 정말 끈질기셨네요. 모든 신하들이 여러 번에 걸쳐 그 정도로 반대했으면 포기하셨을 수도 있을 것 같은데……. 반대로 보면 신하들도 엄청 끈질겼네요. 태조 임금님의 의지가 그렇게 강하다는 것을 확인했으면 찬성해 줄 수도 있지 않았을까 하는데요.

삼봉 맞아요. 양쪽 다 대단했죠. 저를 포함한 신하들은 나라를 건국한 지 얼마 되지 않은 시기의 천도는 백성들의 원성을 크게 사서 고려의 부흥을 외치는 반란의 명분을 만들어 낼 수 있는 위험한 판단이라고 생각했기 때문에 끈질기게 반대할 수밖에 없었습니다. 그런데 주상 전하께서는 무슨 용기나 확신이 있으셨는지 그렇게 위험한 천도를 포기하지 않는 거예요. 본인이 하지 못하면 다음 세대에서는 더 반대가 심해서 결국엔 할 수 없을 거라고 판단하셨더라고요. 다른 신하들도 다 그랬겠지만 저는 도대체 이해가 가지 않았어요.

궁금 선생님, 그 다음은 어떻게 진행되었나요?

삼봉 어떻게요? 주상 전하께서 일단 무악의 땅을 직접 확인해 보겠다고 하셔서, 8월 8일에 개성을 출발하여 사흘 뒤인 11일에 무악에 도착하셨어요. 그리고는 직접 살펴보고 계셨는데요. 서운관의 관원인 윤신달과 유한우가 나서더니 풍수지리의 관점에서 볼 때 무악의 땅은 수도가 될 곳이 아니라고 주장했습니다. 우리 신하들이 대거 앞에 가서 직접 반대하면 주상 전하께서 너무 노하실까 봐 풍수지리 전문가를 보내서 풍수적인 문제점을 지적하며 반대하도록 한 것인데요. 놀랍게도 주상 전하께서 논리를 많이 준비하셨더라고요. 조목조목 반론하면서 윤신달과 유한우를 쩔쩔매게 만드셨어요. 결국엔 무악의 땅은 안 되지만 개성 다음으로 좋은 곳은 서울이라는 말을 하게 만드시더라고요. 어쩌면 주상 전하의 최종 목표는 무악이 아니라 서울이었던 것 같습니다.

궁금　선생님, 그게 무슨 말씀인가요? 권투로 말하면 태조 임금님께서 무악이라는 가벼운 쨉을 뻗으면서 상대방이 방심하게 만든 다음, 서울이라는 카운터펀치를 날리려고 했다는 건가요?

삼봉　궁금 씨의 비유가 상당히 적절합니다. 제가 보기엔 그랬던 것 같습니다. 주상 전하는 개성 다음으로 좋은 곳은 서울이라는 말을 듣고는 다음 날 서울에 가서 확인해 보시겠다는 거예요. 연세대학교에서 서울, 즉 도성 안까지는 걷거나 말을 타고 한 시간 정도밖에 안 걸리잖아요. 그러니 누구도 반대할 명분이 없게 되는 거예요. 미처 예상하지 못한 우리 신하들은 주상 전하께 크게 당했다는 생각에 밤새 이대로 가면 안 되겠다는 의견을 모았어요. 그리고는 다음 날인 8월 12일 제가 첫 번째 주자가 되고 이어서 성석린, 정총, 하륜, 이직 등이 돌아가면서 서로 다른 다양한 논리를 통해 주상 전하께 반대의 총공세를 폈습니다. 그랬더니 주상 전하의 인상이 팍 일그러지면서 "내가 장차 개성으로 돌아가 소격전에서 결정하겠다."고 버럭 말씀하시고는 이왕 온 것 서울에 가 보는 것까지 반대하겠냐고 물으시더라고요. 그런데 너무 가까우니 반대할 명분이 당연히 없었죠.

시리 말씀하시는 내용을 듣고 보니 제가 생각해도 태조 임금님의 주도면밀한 계산이 있었던 것 같습니다. 무악은 서울을 직접 가서 살펴보기 위한, 궁금 씨의 말대로 하면 쩝이었다고 보입니다. 그러면 서울에 가서는 어떻게 진행되었나요?

삼봉 8월 13일에 주상 전하가 숨기고 있던 카운터펀치에 당했습니다. 주상 전하는 이때 무학대사를 대동했는데요. 뭔가 의도가 있는 것 같다고는 의심을 했지만 무악에서는 무학대사가 말을 한 마디도 안 해서 잊고 있었습니다. 그런데 서울에 가서는 두 분이 말을 서로 주거니 받거니 하더니 무학대사가 "여기는 사면이 높고 수려하며 중앙이 평평하니, 성을 쌓아 수도로 삼을 만합니다. 그러나 여러 사람의 의견을 좇아서 결정하십시오."
라고 하는 거예요. 그 말 이후 주상 전하께서 우리 신하
들에게 무학대사의 의견에 대해 그 자리에서 논의하라
고 명을 내리셨죠.

궁금 선생님, 논의의 결론은 어땠나요?

삼봉 "반드시 수도를 옮기고자 하시면 이곳 서울이 좋습니
다." 바로 이거였습니다. 우리 신하들이 진 거죠.

시리 선생님도 그 논의에 참석하셨을 텐데요. "반드시 수도
를 옮기고자 하시면 이곳이 좋습니다."라는 결론에 이
르는 데 누가 가장 큰 역할을 했나요?

삼봉 하하하! 아픈 구석을 찌르네요. 저예요 저. 제가 그런
결론으로 정리하자고 적극 주장했고, 일부 반대도 있었
지만 결국엔 통과되었습니다.

풍수가 미신이란 분이, 왜 풍수 도시로 설계해요?

시리 아~ 그러셨군요. 역시 선생님이 적극 주장하셨을 거라
생각했는데, 맞았네요. 그런데 선생님, 그동안 그렇게
나 반대하셨는데 이번엔 왜 찬성으로 돌아섰나요? 그

것도 적극적으로 말이죠.

삼봉 서울로의 천도에 대한 대의에서 저는 주상 전하의 생각과 판단에 절대적으로 동의하고 있었지만 실행 시기에 대해서는 반대하는 입장이었잖아요. 이번에도 천도의 실행 시기가 적절했다고 생각했던 건 아니에요.

시리 천도의 실행 시기가 적절하다고 생각한 건 아니시라고요? 그럼 계속 반대하셨어야 되는 거 아닌가요?

삼봉 적절한 실행 시기라는 차원에서만 보면 저는 여전히 반대하고 싶었어요. 하지만 찬성으로 돌아서야만 하는 하나의 조건을 보게 되었습니다. 궁금 씨, 그게 뭐였을지 한번 생각해 보실래요?

궁금 예? 갑자기 저에게, 음…… 혹시 태조 임금님의 적극적인 추진 의지와 관련이 있는 건가요?

삼봉 맞아요, 바로 그거에요. 우리 신하들이 힘을 합해 반대하면 주상 전하의 적극적인 추진 의지가 언젠가는 꺾일 줄 알았죠. 그런데 무악으로 쩝을 뺐다가 서울로 카운터펀치를 날리려고 치밀하게 준비하신 주상 전하를 보면서 꺾이지 않을 거라는 확신을 하게 되었습니다. 이런 상황에서 계속 반대한다면 주상 전하와 신하들 사이에 국론 분열만 계속될 것이고, 이도 저도 아닌 상황이 계속되면 사회적·정치적 혼란만 가속화될 것이라고 판단하게 되었습니다. 그래서 국론 분열을 끝내는 가장 좋은 방법이 주상 전하의 천도 의지에 찬성하는 것이라고 생각했지요. 그리고 이왕 이렇게 된 이상 천도로 인해 발생할 수 있는 혼란을 최대한 방지하기 위해서는 속전속결로 천도를 밀어붙이는 것이었습니다.

궁금   얼마나 속전속결의 모습이었을지 궁금해지는데요?

삼봉   하하하! 궁금하면 풀어 드려야죠. 8월 13일 그날 개성에서 서울로의 천도를 잠정적으로 결정했고요. 이후 당시 최고 의결기관이었던 도평의사사에서 제가 주도가 되어 천도 결의문을 만들었습니다. 열흘 정도 지난 8월 24일 이 결의문을 주상 전하께 올렸는데, 그 내용을 가져왔습니다. 한번 읽어 볼게요.

　　좌정승 조준과 우정승 김사형 등이 아뢰옵니다. 옛날부터 임금이 천명을 받아 나라를 세우면 수도를 정하여 백성들을 살게 하지 않음이 없었습니다. 그러므로 요임금이 평양平陽에, 하나라는 안읍安邑에, 상나라는 박亳에, 주나라는 풍호豊鎬에, 한나라는 함양咸陽에, 당나라는 장안長安에 수도를 정하였습니다. 이들 중에서 혹은 처음 일어난 땅에 정하기도 하고, 혹은 형세가 편리한 곳을 골랐는데, 근본을 중하게 여기고 사방을 다스리기 위한 것이었습니다. 우리나라는 단군 이래로 혹은 통일되기도 하고 혹은 분열되기도 해왔는데, 모두 수도가 있었습니다. 고려 왕씨가 통일한 후, 송악에 수도를 정하고 자손이 계승한 지 거의 5백 년 만에 천운이 끝이 나서 자연히 망하게 되었습니다. 삼가 생각하옵건대, 전하께서는 큰 덕과 신성한 공으로 천명을 받아 나라를 세우고 제도를 고쳐서 만대의 국통國統을 세우셨으니, 마땅히 수도를 정하여 만세의 기초를 세우셔야 할 것입니다. 그윽이 한양을 살펴보건대, 안팎의 산수 형세가 훌륭한 것은 옛날부터 얘기해 오던 것이요, 사방으로 도로의 거리가 고르며 배와 수레도 통할 수 있으니, 이곳에 수도를 정하여 후손에게 영원히 물려주는 것이 진실로 하늘과 백성의 뜻에 부합됩니다.

시리 선생님을 포함하여 신하들이 태조 임금님께 반대의 총
공세를 펼친 것이 8월 12일이었는데 그와 정반대의 내
용으로 구성된 천도 결의문이 만들어진 것이 겨우 12
일 후인 8월 24일이니까 진짜 속전속결로 이루어진 거
네요. 그럼 그 다음의 진행도 계속 속전속결로······.

삼봉 당연하죠. 열흘도 안 된 9월 1일에 저를 오늘의 인터뷰
에 초청하게 만든 새수도궁궐조성특별위원회가 만들
어졌지요. 주상 전하께서 여섯 명의 핵심위원으로 풍수
전문가 권중화, 실무책임을 맡을 심덕주와 김주, 그리
고 저와 남은, 이직을 임명했습니다. 우리 여섯 명의 위
원은 서울로 가서 전체적인 형세를 살피고 종묘·사직·
궁궐·관청·시장·도로의 터를 정하고는 지도로 만들어
서 주상 전하께 보고 드렸죠. 이번엔 안시리 아나운서
가 그 기간이 얼마나 걸렸는지 한번 상상해 보실래요?

시리 저요? 하하하! 속전속결이라고 하셨으니까 반년이나 1
년은 말이 안 될 것 같고요. 서울 전체의 형세를 살피고
종묘·사직·궁궐·관청·시장·도로의 터를 정하는 것이
니까 최소 한 달은 걸렸을 것 같은데요?

삼봉 보통이라면 한 달도 너무 짧아요. 최소 반년은 걸릴 일

이죠. 하지만 우리는 그렇게 여유를 부릴 수가 없었어요. 겨우 아흐레 만인 9월 9일에 보고 드렸습니다.

궁금 선생님 말씀을 듣고 보니 진짜 속전속결이었네요. 아니, 번갯불에 콩 볶아 먹듯이 일을 처리했다고 말하는 게 옳을 것 같은데요?

삼봉 그렇게 말해도 변명의 여지가 없습니다.

시리 선생님, 그렇게 짧은 시간 안에 수도의 도시계획을 세운다는 것이 가능한가요? 그러면 당연히 부실 계획이 나오는 것 아닌가요?

삼봉 안시리 아나운서가 궁금 씨보다 더 추궁조로 말하시네요. 맞아요. 이렇게 빨리 진행하면 부실 계획이 나올 수 있었습니다. 다만 이것 하나는 알아주어야 해요. 개성에서 서울로의 천도가 일단 결정되고 난 후에는 시간을 끌면 끌수록 이미 피폐해질 대로 피폐해진 백성들의 원망이 커지게 되죠. 그렇게 되면 정치적·사회적 혼란으로 빠져들 가능성이 더 높아지기 때문에 최대한 빠른 시간 안에 천도를 완성하는 것이 목표가 되어야 했습니다. 그러니 부실 계획 어쩌고저쩌고하면서 시간을 지체할 수는 없었습니다.

시리 상황은 충분히 이해하겠습니다. 그렇다면 새 수도 서울의 도시계획이 부실하게 이루어졌다는 것을 인정하시는 건가요?

삼봉 그렇다고 당연히 부실 계획이란 결과가 나왔을 거라고 단정 지을 필요까지 있을까요? 번갯불에 콩 볶아 먹듯이 도시계획을 했더라도 충실한 결과가 나올 수도 있는 것 아닌가요? 저는 자신해요. 비록 9일밖에 안 걸렸지만 우리가 세운 서울의 도시계획은 훌륭했다고…….

궁금 와, 엄청난 자신감이네요. 혹시 근자감 아닌가요?

삼봉 근자감이 뭐죠?

궁금 아, 요즘의 신조어까지는 모르시는 것 같네요. 요즘 '근거 없는 자신감'을 줄여서 근자감이라고 합니다.

삼봉 하하하! 아주 적나라한 표현이네요. 번갯불에 콩 볶아 먹듯이 진행을 시켰으니 '근거 없는 자신감', 즉 근자감으로 볼 수도 있겠네요. 하지만 근거 있는 자신감이에요. 도시계획이라고 하여 세부적인 것까지 전부 정한 것은 아닙니다. 당시 임금님이 사시는 수도라면 갖추어야 할 큰 틀만 정한 것인데요. 1. 임금님이 사시며 정사를 보는 궁궐 2. 임금님의 선대 조상에게 제사 지내는 종묘 3. 토지와 곡식신에게 제사 지내는 사직단 4. 임금님의 명을 받들어 나라를 통치할 핵심 관청 5. 도시 안의 사람들이 먹고사는 것을 파는 시장 6. 도시의 동서남북을 오가는 간선도로 등, 주요 시설이나 기능 공간의 위치만 정한 후 그것을 지도로 그려서 보고했습니다.

시리 아 그런 거였군요. 그런데 선생님, 아무리 그래도 그런 위치를 정하는 데 9일밖에 안 걸렸다고요?

삼봉 예. 원리만 알면 그 정도의 시간에 충분히 정할 수가 있습니다.

시리 서울은 풍수의 원리로 만든 것이고, 풍수의 원리는 상당히 복잡하지 않나요? 그런 풍수의 원리로 궁궐, 종묘, 사직단, 관청, 시장, 간선도로를 잡는 것이 그렇게 짧은 시간에 가능한가요?

삼봉 풍수 관련 책을 보면 아마 너무 어려워서 엄청 복잡할 것이라고 생각할 것 같은데요. 하지만 신비스러움만 제거해 내면 생각보다 간단합니다.

궁금 저, 선생님. 말씀을 끊어서 죄송한데요. 제가 예습해 온 바로는 선생님께서는 풍수사상風水思想을 믿지 않으신 것으로 알고 있습니다. 그런데 지금 풍수의 원리로

도성도 都城圖 (1750년대)

서울의 도시계획을 세워 가는 이야기를 하고 계셔서 좀 당황스럽습니다. 어떻게 된 것인가요?

삼봉 그 얘기가 나오길 은근히 바랐습니다. 맞아요. 나는 풍수사상 같은 건 믿지 않아요. 그냥 미신일 뿐이에요. 제가 살던 시절에는 땅의 기운(地氣)이 국가의 흥망성쇠興亡盛衰에 영향을 주며, 땅의 기운이 왕성할 때는 왕조가 흥하지만 쇠퇴할 때에는 멸망한다는 지기쇠왕설地氣衰旺說이 유행했는데요. 그게 말이 되나요? 땅의 기운이라는 것 자체가 실체가 없는 것이고, 국가의 흥망은 인간 세계의 통치 질서에 있는 것이지, 땅의 기운이 성하느냐 쇠하느냐에 있는 것은 아닙니다.

궁금 그렇다면 선생님, 더더욱 이해가 안 되는데요. 풍수사상을 미신으로 생각하는 선생님이 어떻게 풍수도시 서울을 만드셨나요? 앞뒤가 좀 맞지 않은데요.

삼봉 앞뒤가 안 맞아 보이죠? 하지만 제가 바보가 아닌 이상 나의 소신만을 기준으로 판단하고 결정하며 행동할리는 없지 않겠어요? 나는 너무나 분명하게 풍수사상은 미신이라고 생각했어요. 하지만 아쉽게도 그때 나처럼 생각하는 사람은 극소수였습니다. 만약 개국공신들 중에서 3분의 1만 저처럼 생각했더라도 헛된 사상인 풍수의 혁파에 노력했을 것 같은데요, 상황이 그렇지는 못했습니다. 대부분의 사람들이 풍수의 지기쇠왕설을 굳게 믿고 있는 분위기 속에서, 개인적으로는 나의 소신이 옳다고 여기며 지켜나갈 수 있지만 사회적·정치적 리더로서는 내 소신만 옳다고 주장하는 것은 바보짓이었죠. 주상 전하도 풍수사상에 대해서는 나와 생각이 같았어요. 하지만 대부분의 사람들이 믿고 있던 풍수의 지기쇠왕설을 극복할 수 없다고 생각했기 때문에 주상 전하의 천도 논의도 철저하게 풍수사상에 따라 진행되었습니다. 주상 전하의 목표는 고려의 상징이 너무 짙게 남아 있는 개성에서 어딘가로, 궁극적으로는 서울로 천도하여 새 나라의 건국을 온 백성들에게 각인시키기 위한 것이었지, 풍수사상의 옳고 그름을 논하여 풍수의 지기쇠왕설 자체를 공격하려는 것은 아니었습니다. 풍수가 옳건 그르건, 좋건 나쁘건 그 당시의 사람들에게는 풍수사상이 뿌리 깊은 문화유전자가 되어 있었습니다. 그런 상황 속에서 굳이 풍수를 강력하게 배척한다는 것은 엄청난 반대를 불러일으킬 수 있는 위험한 일이었죠. 그럼에도 이거 하나만은 분명하게 짚고 넘어갈게요. '본질은 천도였고, 풍수는 수단이었다!' 서울의 도시계획도 그런 차원에서 바라보면 됩니다. 나는 풍수를 미신으로 생각하여 믿지 않았지만 서울의 도시계획은 철저하게 풍수적으로 이루어졌답니다.

명당은 '땅의 기운이 솟는 곳'이 아니라 '권위의 공간'

시리 풍수사상을 믿지 않는 분이 풍수도시를 계획했다! 선생님, 점점 흥미롭게 진행되는데요? 이제부터는 풍수사상을 믿지 않는 분이 풍수의 핵심을 무엇으로 이해하고 있었는지 그것부터 풀어 가야 하지 않을까 합니다만…….

삼봉 안시리 아나운서가 정곡을 찔렀습니다. 풍수가 옳건 그르건 역사 속에서 발생하여 사람들의 마음을 사로잡았다는 것은 분명하잖아요. 그 과정에서 풍수가 미신…… 아니다, 그렇게 말하면 너무 불합리하다는 측면만 강조하는 것 같고, 종교적 신앙의 수준으로까지 발전했다고 봅니다. 종교적 신앙의 핵심은 출발이 어떻게 되었든 인간의 논리로는 설명할 수 없는 어떤 힘에 대한 믿음을 상정하는 것인데요. 풍수에서는 그것이 땅의 기운이 국가와 인간의 길흉화복에 영향을 미친다는 믿음입니다. 거꾸로 보면 이런 믿음은 인간의 인식으로는 파악할 수 없는 어떤 힘이나 존재를 전제하고 생기는 것이니까 인간의 논리로는 설명될 수 없어야 합니다. 하늘나라에서 보니까 풍수의 동기감응론 같은 것에서 어떤 과학적 논리를 찾아내려는 사람들이 꽤 있던데요. 풍수가 믿음 차원의 종교적 신앙으로 변한 상황에서 그런 시도는 다 허망한 것일 뿐이에요. 물론 믿는 사람들에게는 아무리 말해도 '쇠귀에 경 읽기'이겠지만요.

궁금　그러면 선생님이 생각하시는 명당明堂은 뭐예요?

삼봉　제가 생각하는 명당이요? 제가 하늘나라에 가서 풍수사상에 대해 꽤 공부를 해 봤습니다. 특히 요즘의 연구 성과를 중심으로 했는데요. 그것은 한마디로 말하면 권위 공간이죠. 자, 여기서 질문을 하나 던질게요. 여러분들은 명당이라고 하면 풍수의 명당만 생각하죠? 하지만 명당이란 용어는 원래 풍수와 관계없이 만들어진 것인데, 풍수에서 그 용어를 가져다 쓴 겁니다. 명당이 원래 무슨 뜻이었는지 아세요? 혹시 안시리 아나운서가 알고 계실까요?

시리 명당이 원래 풍수와 관계없이 만들어진 용어라고요? 선생님, 저는 처음 듣는 이야기라서⋯⋯ 좀 당황스럽습니다.

삼봉 하하하~. 너무 갑자기 물어봐서 미안합니다. 대부분의 사람들이 안시리 아나운서와 같을 테니까 혹시라도 명당의 원래 뜻을 모른다고 너무 자책하지는 마세요. 이제부터 풀어 드릴게요. 먼저 명당의 한자 '明堂'의 뜻은 '세상을 밝게 하는(明) 집(堂)'입니다. 현재 여러분들이 사는, 모든 국민이 투표로 대통령을 뽑는 민주주의 사회의 관점에서가 아니라, 제가 살던, 임금이 세습되는 전통사회의 관점에서 생각해 보세요. 전통사회에서 '세상을 밝게 하는 집'인 명당은 어떤 집이었을 것 같아요?

시리 음⋯⋯. 임금을 정점으로 하여 신분질서가 엄격했던 전통사회에서는 세상을 밝게 하는 사람은 오직 한 사람밖에 없었을 것 같습니다.

삼봉 오, 맞아요. 오직 한 사람밖에 없었어요. 누구였을까요?

시리 당연히 임금님 오직 한 사람 아닌가요?

삼봉 그렇죠. 하늘의 명을 받아 세상을 다스리는 사람, 바로 임금님 한 사람만이 세상을 밝게 할 수 있습니다. 누군 가가 '내가 세상을 밝게 할 수 있는 사람이다!'라고 했 다면, '내가 하늘의 명을 받아 세상을 다스리는 임금이 다!'라거나 '내가 하늘의 새로운 명을 받아 지금의 임 금을 갈아 치우고 새로운 임금이 될 사람이다!'라는 의 미이죠. 그러니 명당은 '세상을 밝게 할 수 있는 유일한 사람, 즉 임금님이 세상을 다스리는 가장 핵심적이고 상징적인 집'을 가리킵니다. 궁금 씨, 경복궁이라면 그 곳이 어디일까요?

궁금 혹시 경복궁에서 가장 큰 건물인 근정전勤政殿인가요? 아니다, 임금님이 평상시에 거처하시던 사정전思政殿일 수도 있겠네요.

삼봉 사정전일 수도 있다고요? 제가 미처 생각하지 못한 대 답이네요. 저는 당연히 근정전이라고 답할 것이라 여겼 거든요. 틀린 대답이지만 그래도 한 번 더 생각해 봤다 는 점에서는 높은 점수를 드리겠습니다. 명당은 임금 이 하늘의 명을 받아 세상을 다스린다는 것을 가장 상

경복궁 근정전 (위), 경복궁 사정전 (아래)

징적으로 보여 주는 건물이지요. 경복궁에서는 근정전이 되겠습니다. 평상시의 국정은 사정전에서 이루어졌지만 국가의 중요 행사는 근정전에서 열렸어요. 임금이 사는 모든 궁궐에는 근정전 같은 곳이 있었고, 고대 중국에서 그런 건물을 가리키는 보통명사가 바로 명당이었습니다. 이런 사실은 21세기의 여러분들에게 일상생활이 된 인터넷 포털사이트의 백과사전에서 검색해 봐도 금방 알 수 있습니다. 일주일 전 하늘나라에서 내려와서 미리 명당에 관한 몇 개의 사례를 찾아서 준비해 봤습니다.

고대 중국에서 왕이 정령을 펴던 집. 선조와 상제上帝를 제사하고, 제후의 조회朝會를 받으며, 존현尊賢·양로養老하는 국가의 큰 의식을 모두 여기에서 하였다. 시대에 따라서 호칭을 달리하여 하夏나라에서는 세실世室, 은殷나라에서는 중옥重屋, 주周나라에서는 명당이라고 하였다. (두산백과)

천자天子가 하늘의 명을 받아 백성을 다스린다는

중국 고대의 정통적 정치사상을 나타내는 상징적 의미를 담은 건물. 조회, 제사, 경상慶賞, 선사選士, 교학教學 등 중요 의식이 행해졌다. 하夏의 세실世室, 은殷의 중옥重屋과 같은 목적으로 주대周代에 설치되어 모든 신하를 모아 천자가 다스린 곳이다. (세계미술용어사전)

고대 궁궐건축의 원형으로서 천자가 모든 의례儀禮를 거행하는 곳이다. 즉, 선조에게 제사를 지내거나 하늘의 중심인 태일성太一星에게 제사를 지내며, 정령政令을 반포하고 제후들의 조회朝會를 받는 곳이다. 제정祭政을 모두 맡고 있는 제왕이 의례를 행하던 곳이므로 후대의 궁궐건축에 있어서 정전正殿에 해당하는 건물이다. (한국민족문화대백과)

시리 저도 명당이라고 하면 당연히 풍수의 명당을 가리킨다는 선입견을 갖고 있었기 때문에, 원래의 명당 개념에 대해서는 찾아보려는 시도조차 해 보지 않았습니다. 그런데 선생님, 중국의 하나라, 은나라, 주나라에도 풍수사상이 있었던 거 아닌가요?

삼봉 중국에서 풍수사상의 발생은 아무리 일찍 잡아도 전국 시대(기원전 403~221년) 말기로 보고 있습니다. 풍수사상의 최고 경전으로는 청오경靑烏經과 금낭경錦囊經을 꼽는데요. 진위 논란이 있지만 청오경은 한나라 때의 청오자靑烏子라는 사람이 지었고, 금낭경은 당나라 때의 곽박郭璞이란 사람이 청오경을 부연 설명한 책으로 알려져 있습니다. 그러니 하나라, 은나라, 주나라에 풍수사상이 있었다고는 볼 수 없죠.

궁금 선생님, 저런 내용을 다 생전에 공부하신 건가요?

삼봉 아니요. 아까 말했잖아요. 하늘나라에서 요즘의 연구 성과를 중심으로 공부했다고요.

궁금 아휴, 죄송합니다. 명당의 원래 의미에 대한 이야기를 처음 듣다 보니까 집중하는 과정에서 이미 들었던 말씀을 잠시 까먹었습니다. 명당의 원래 의미를 듣고 나니까 선생님께서 생각하시는 명당이 뭐냐는 저의 질문에 '한마디로 말하면 권위 공간이죠.'라고 답해 주신 말씀을 이해할 것 같습니다. 약간 덧붙이면, 최고의 권위 공간이라고 말해도 되겠네요.

삼봉 맞아요. 원래의 명당은 그냥 권위 공간이라고 하기보다
는 최고의 권위 공간이라고 말하는 게 맞아요. 궁금 씨
가 예리하게 파악했네요.

궁금 그렇게까지 칭찬하실 것까지…… 아휴, 쑥스럽습니다.

삼봉 아니에요. 진짜 중요한 문제 제기였어요. 지금까지 설
명한 것만 들어도 원래의 명당은 그냥 권위 공간이 아
니라 천자天子, 즉 하늘의 아들인 임금과 관련된 최고의
권위 공간이 될 수밖에 없잖아요. 그런데 풍수에서 명
당 개념을 가져다 쓰면서 최고의 권위 공간보다 등급
이 낮은 다양한 권위 공간에도 적용했습니다. 저도 그
런 영향을 받아서 그냥 권위 공간이라고 말한 건데요.
궁금 씨가 잘 지적해 주었습니다.

시리 선생님, 그러면 풍수사상은 '권위 있는 공간 찾기 이론'
이라고 볼 수도 있겠네요?

삼봉 예, 저는 그렇게 봐요.

시리 그런데 선생님, 풍수사상에서 땅속을 흘러 다니는 땅의
기운, 즉 지기地氣의 흐름을 파악하고 그것이 솟아나는
혈처穴處, 즉 명당터를 찾아내는 방법이 상당히 까다롭
고 세밀하잖아요. 선생님은 그런 것을 다 공부하신 후

서울 도시계획의 큰 틀을 잡으신 건가요?

삼봉 그럴 리가 있나요. 저는 지기라는 것 자체가 실체가 없는 것에 대한 믿음일 뿐이고, 그러니 지기가 국가와 인간의 길흉화복에 영향을 미친다는 지기쇠왕설, 동기감응론, 기타 등등 풍수사상의 인과론적 핵심 내용을 다 헛된 것이라고 부정하는 사람입니다. 그러니 군이 풍수의 세부적인 것까지 다 이해할 필요가 없죠. 아니다, '이해할 필요가 없다'는 표현보다는 인간의 인식으로는 이해할 수 없는 어떤 힘이나 존재를 전제하는 것이니까 '이해하려고 해도 이해할 수 없는 것'이라는 표현이 더 적절할 것 같습니다. 혹시라도 청오경이나 금낭경을 읽어 보고 싶은 사람이 있다면 이해하려고 하지 말고, 헛된 믿음이 어떤 식으로 표현되거나 기술되어 있는지 살펴보는 차원에서만 보면 될 것 같습니다.

시리 무슨 말씀인지 알 것 같습니다. 그러면 풍수사상을 믿지는 않지만 당시 대부분의 사람들이 믿고 있던 풍수사상을 전제로 도시를 계획할 때 가장 핵심적인 것은 무엇이었나요?

삼봉 가장 핵심적인 것이요? 풍수사상을 믿지 않더라도 그

것을 이겨 내지 못하여 배척하지는 않았죠. 그래서 풍수지리 전문 벼슬인 상지관相地官, 요즘말로 하면 지관地官들이 말하는 '땅의 기운(地氣)이 어떻게 흐르는지', '그것이 어디에서 솟아나 혈처를 이루는지' 등의 이야기를 경청은 하면서 도시계획을 만들어 갔습니다. 다만 그들이 말하는 혈처, 즉 명당터의 위치를 다 받아들이지는 않았고, 권위 공간이 되려면 어떤 요소를 갖추어야 하는지에 대한 나의 생각에 따라 조정했습니다.

궁금 선생님, 권위 공간이 되려면 갖추어야 하는 요소가 뭐예요? 가장 핵심적인 내용 같은데요.

삼봉 권위 공간이 되려면 갖추어야 하는 요소요? 아주 간단해요. 건축물이 완성되었을 때 누가 봐도 시각적으로 권위 있게 보여야 하는 건데요. 그건 풍경으로 표현돼요. 한마디로 말하면 '권위 있는 풍경의 연출'이죠. 이건 권위 건축물이 만들어지는 어느 시대, 어느 지역에서도 적용되어야만 하는 원칙이죠. 명당이든 혈처든 풍수 용어로 뭐라고 불러도 그곳에는 궁궐, 근정전, 종묘, 사직단 등 권위 있는 건축물이 들어서는 것이니까, 풍수의 논리 또한 궁극적으로는 '권위 있는 풍경의 연출'

종묘 정전 (위), 사직단 (아래)

이 목표가 되어야 합니다. 결국 서울의 도시계획은 '권위 있는 풍경의 연출'이란 차원에서 이루어진 거죠. 임금이 나라를 다스리는 수도이니까 서울에서의 권위는 '임금의 권위'가 되어야 하는 건 당연하잖아요. 그러니 서울의 도시계획은 하늘의 명을 받아 조선이란 나라를 다스리는 '임금의 권위가 살아 있는 풍경의 연출'을 극대화시키는 방향으로 이루어졌다고 보면 됩니다.

'땅의 도시'가 아니라 '하늘의 도시'

궁금 '임금의 권위가 살아 있는 풍경의 연출', 진짜 멋진데요? 서울을 보면서 이런 표현을 생각해 본 적이 없는 것 같아요. 명당의 논리로 만들어진 도시, 최고의 명당, 자연과 인간이 조화를 이루었던 도시…… 뭐 이런 식으로만 생각했던 것 같습니다. 그런데 '임금의 권위가 살아 있는 풍경의 연출'이라고 하니까 서울이 뭔가 색다른 도시로 보이는데요?

삼봉 하하하! 색다르다고요? 원래는 색다르다고 보면 그게 이상한 겁니다. 임금이 다스리던 전통시대에 세계 어떤 문명, 어떤 지역의 국가라도 수도는 다 '임금의 권위가 살아 있는 풍경의 연출'이란 관점에서 계획되고 만들어졌습니다. 그러니 뭐 색다르다거나 특별하다거나 할 필요가 없는 거죠. 풍수사상도 수도의 도시계획에 적용되는 순간 '임금의 권위가 살아 있는 풍경의 연출'을 수행하는 사상적 도구라는 것을 대한민국 사람들이 모르고 있었을 뿐입니다. 인류 문명의 보편적인 관점에서 우리의 역사를 해석하지 않았기 때문에 나타난 현상이죠. 우물 안 개구리였다고 보면 될까요?

시리 하늘 중심의 자연 지배를 추구했던 서양사상과는 달리 자연과 인간의 조화를 추구했던 동양사상을 더욱 강하게 이어받은 풍수사상에서는 '임금의 권위가 살아 있는 풍경의 연출'이 어떻게 되었을지 궁금합니다.

삼봉 안시리 아나운서에게 되묻고 싶은 게 있습니다. 왜 동양사상은 자연과 인간의 조화를 추구했다고 생각하나요? 그리고 동양사상 중에서도 풍수사상은 왜 자연과 인간의 조화를 더욱 강하게 추구했다고 보나요?

시리 그런 것 아닌가요? 전 그렇게 배웠는데요. 일반적으로 그렇게 생각하지 않나요?

삼봉 일반적으로 그렇게 생각하고 있다고 그것이 맞는다는 보장은 없지 않나요?

시리 그렇긴 합니다만, 선생님께서 반문하신 것은 일반적으로 생각하는 것이 틀렸다는 의미로 들리네요.

삼봉 예, 틀렸어요. 자연과 인간의 조화라는 말에서 자연은 우리가 발을 딛고 사는 지구 위의 산과 강과 대지와 바다 등등을 가리키잖아요. 그런데 서양이든 동양이든 아니면 어떤 다른 문명에서든 자연과 인간사회의 질서를 창조하고 움직이는 힘의 근원을 모두 하늘에서 찾았습니다. 우리 조선도 당연히 예외가 될 수 없고요. 따라서 국가를 다스리는 임금의 권위에 대한 합리화는 하늘과의 연결을 통해 이루어졌습니다. 물론 여러분이 살고 있는 민주주의 사회에서는 당연히 말도 안 되는 이야기이지만 제가 살고 있던 시절에는 다 그랬습니다.

궁금 조선에서도 그랬다고요? 혹시 증거가 있나요?

삼봉 증거가 있냐고요? 하하하! 너무 많은데요. 더 적나라하게 표현하면 옛날 기록에 널려 있는데요.

궁금 예? 널려 있다고요? 제 머릿속엔 잘 떠오르지 않는데요. 게다가 조선은 큰 나라인 명나라와 청나라를 섬겼기 때문에 하늘과의 연결을 통해 합리화한다는 것이 쉽지 않았을 것 같아요.

삼봉 그러면 제가 초안을 잡았던 증거를 하나 보여 드릴 게요.

궁금 선생님이 초안을 잡았다고요?

삼봉 우리 주상 전하가 공양왕으로부터 선위를 받아 임금의 자리에 오르실 때 반포한 즉위교서의 앞부분을 가지고 왔는데요. 제가 초안을 잡았던 내용입니다. 한번 들어 보세요.

임금이 이르노라. 하늘(天)이 만백성을 낳았고, 그들에게 임금을 세워 주어 그들을 길러 서로 살게 하고, 그들을 다스려 서로 편안하게 해 주도록 하였다. 그러므로 임금으로서 지켜야 할 도리君道에 득실得失이 있고 백성들의 마음(人心)에 향배向背가 있는 것은 (모두) 하늘의 뜻(天命)이 어디에 있느냐에 따른 것이니 이것이 세상 이치의 당연한 모습(常)이다.

궁금 씨, 들어 보니 어때요?

궁금 하늘이란 말이 계속 나오네요.

삼봉 그렇죠? 제가 조금 더 설명하면요. 먼저 하늘이 만백성
을 낳았다는 것은 하늘이 인간사회의 질서를 만들었다
는 뜻입니다. 그리고 그 만백성이 함께 살며 편안하게
다스리도록 임금을 세워 준 것도 하늘이고, 임금이 지
켜야 할 도리나 백성들의 마음이 임금을 향하느냐 등
지느냐 하는 것도 모두 하늘의 뜻에 따른 것이라고 하
잖아요. 그러니 임금의 권위는 하늘과의 연결 관계에서
찾아야 하는 겁니다.

시리 저도 미처 생각해 보지 못했던 건데, 정말 그렇게 기록
되어 있는 걸 들어 보니까 좀 놀랍습니다. 그러면 고려
가 망한 것에 대해서는 어떻게 설명하고 있을지 궁금
합니다.

삼봉 안시리 아나운서도 충분히 짐작하면서 물어보는 것으
로 생각되는데요. 임금의 권위는 하늘과의 연결 관계를
통해 획득된다고 하니 고려의 임금이 하늘과의 연결을
끊었기 때문에 망한 것으로 보지 않았겠어요? 우리 주
상 전하의 즉위교서에는 당연히 그렇게 기록되어 있습
니다. 이어지는 내용을 한번 들어 보세요.

홍무洪武 25년(1392년) 7월 16일 을미에 도평의사사와 대소신료들이 합동으로 (내가 임금의 자리에) 오르기를 권하며 말하기를, "(고려의) 왕씨는 공민왕이 후사 없이 세상을 떠나고 신우(辛禑-우왕)가 그 틈을 타서 임금의 자리를 도적질하자 (끊어졌습니다. 신우가) 죄가 있어 사양하고 물러가면서도 아들인 창(昌, 창왕)에게 임금의 자리를 잇게 하니 (왕씨의) 국운이 다시 끊어졌습니다. 다행히 장수들에 힘입어 정창부원군(공양왕)으로 임시로 나랏일을 처리하게 하였으나 곧 사리에 어둡고 마음이 총명하지 못해 법에 어긋난 행동을 하므로, 백성들이 등을 돌리고 종친들이 떠나가서 국가(宗社)를 보전할 수 없게 되었으니, (이것은) 이른바 하늘이 폐한 것이니(天之所廢) 누가 이를 흥하게 할 수 있겠습니까?"

시리 백성들이 등을 돌리고 종친들이 떠나가서 국가를 보전할 수 없게 된 것을 하늘이 폐한 것, 즉 하늘의 뜻이 떠난 것으로 본 거네요?

삼봉 그런 거죠. 왕건이 고려를 세운 것도 당연히 하늘의 뜻을 따른 것인데요. 신우(우왕)와 창왕, 그리고 공양왕 때 이르러 백성들이 등을 돌리고 종친들까지 떠나가니 그 하늘의 뜻이 고려를 떠난 거죠. 그렇다면 이렇게 고려를 떠난 하늘의 뜻을 누군가가 이어받아야 하는데요. 궁금 씨 그게 누굴까요?

궁금　너무 쉬운 질문을 하시는데요? 당연히 태조 임금님 아니신가요?

삼봉　너무 쉽죠? 맞아요. 우리 주상 전하셨어요. 즉위교서에는 그 내용이 이렇게 이어집니다. 자, 읽어 볼 테니 들어 보세요.

　　　"국가(社稷)는 반드시 덕德이 있는 사람에게 돌아가게 되어 있고, 임금의 자리는 오랫동안 비워 둘 수가 없습니다. 공로와 덕망이 모든 사람들의 마음을 따르게 하니, 마땅히 질서(位號)의 체계를 바르게 하여 백성의 뜻을 안정시키소서."라고 하였다. 나는 덕이 부족한 사람으로 그러한 소임을 다하지 못한다고 생각되어, 두려워하며 두세 번이나 사양했지만 여러 사람이 말하기를, "백성의 마음이 이와 같으니 하늘의 뜻

(天意)도 알 수 있습니다. 백성의 바람도 거절할 수 없고, 하늘의 뜻도 거스를 수 없습니다.(天不可違)"라고 하면서 더욱 강하게 권해 오니, 나는 여러 사람의 뜻에 따라 어쩔 수 없이 임금의 자리에 올랐다.

시리 백성의 마음을 통해 하늘의 뜻을 알 수 있다는 의미네요. 결국에는 백성의 바람을 거절하지 않는 것이 하늘의 뜻을 따른다는 것인데요. 저는 조선이 건국할 때부터 명나라에 사대事大를 천명했기 때문에 이런 식의 논리가 없는 줄 알았습니다.

삼봉 그럴 리가 있나요. 힘이 약한 나라가 힘이 센 나라를 섬긴다는 사대事大는 명나라와 조선의 외교 관계를 표현한 것일 뿐입니다. 우리 주상 전하의 즉위교서에 분명하게 하늘의 뜻에 따라서 임금의 자리에 올랐다는 내용이 담겨 있듯이, 우리 조선의 모든 임금은 하늘의 뜻에 따라 나라와 백성을 다스리는 지존至尊의 존재입니다. 그러니 새 수도 서울의 도시계획은 어떤 원칙에 따라 만들어져야 하는 것인지 충분히 짐작할 수 있지 않나요? 안시리 아나운서, 어떤 원칙이었겠어요?

시리 하늘의 뜻에 따라 나라와 백성을 다스리는 임금의 권위를 표현해야 하는 원칙, 이것 아닌가요?

삼봉 맞아요. 바로 그거예요. 조선의 새 수도 서울은 우리 주상 전하가 하늘의 뜻에 따라 나라와 백성을 다스리는 하늘의 도시로 계획되어야 했습니다. 이게 바로 풍수 전문가들이 풍수의 논리에 따라 잡은 혈처, 즉 명당터 위에 건설된 궁궐, 종묘, 사직단 등에 제가 표현하고 싶었던 '임금의 권위가 살아 있는 풍경의 연출'이란 원칙입니다.

궁금 선생님, 그러면 서울은 '하늘의 도시'라고 볼 수 있는 거네요?

삼봉 그렇죠. 땅에 구현된 '하늘의 도시'이죠. 고조선의 단군신화에 나오는 '신의 도시(神市)'도 땅에 구현된 '하늘의 도시'였던 것처럼 말입니다.

궁금 우와~ 너무 멋진데요? 우리나라에도 '하늘의 도시'가 있었다니!

삼봉 궁금 씨, 흥분하지 마세요. '하늘의 도시'는 우리나라에만 있던 게 아니라 세계 모든 문명의 국가에는 다 있었으니까요.

궁금 예? 모든 문명 국가에 다 있었다고요?

삼봉 지역마다 시대마다 구체적인 논리 구조는 다를 수 있
지만, 전통시대의 모든 문명은 자연과 인간사회를 창조
하고 움직이는 힘의 근원이 하늘에 있다고 봤습니다.
임금이라 부르든 황제라 부르든 아니면 어떤 다른 명
칭으로 부르든, 땅에서의 최고 우두머리는 이런 하늘
의 뜻에 따라 나라와 백성을 다스리는 존재이고, 그런
존재가 나라와 백성을 다스리는 중심인 수도는 당연히
'하늘의 도시'로 만들어져야 합니다. 지금까지의 문제
는 우리나라 사람들이 풍수사상을 하늘의 논리가 아니
라 땅의 논리나 인간의 논리로 잘못 이해하여, 조선의
수도 서울을 '하늘의 도시'가 아니라 '땅의 도시'로 보
려 했다는 것이죠. 서양 학문이나 문화에 대한 저항으
로 우리만의 독특한 것을 찾아내려는 경향 때문에 나
타난 잘못된 현상이라고 생각합니다. 궁금 씨도 그렇게
생각해 왔기 때문에 흥분했던 것이 아닌가 해요.

시리 저도 궁금 씨처럼 '하늘의 도시'란 말을 듣고 꽤 흥분했
는데요. 모두는 아니겠지만 우리나라 사람 대다수가 저
나 궁금 씨와 마찬가지일 거라 생각합니다. 선생님이

말씀하신 것처럼 서양 학문이나 문화에 대한 저항으로 우리만의 독특한 것을 찾아내려는 경향이 우리 사회 곳곳에 자리 잡고 있었던 것이 아닌가 하는데요. 이제는 보편성 속에서 독특함을 끌어내는 방향으로 선회할 때가 된 것 같습니다. 오늘은 서울이 새 수도로 결정되는 과정, 도시계획의 원칙 등에 대해서만 알아봤는데요. 아직 구체적으로 어디에 어떻게 적용되었는지는 들어 보지 못했습니다. 선생님, 다음 주에도 나오셔야 할 것 같은데, 혹시 하늘나라로 돌아가셔야 하는 날짜가 급한 건 아니시죠?

삼봉 하하! 4회 출연을 제의받았고, 혹시나 더 늘어날 수도 있다고 생각해서 이승으로의 환생 기간을 충분히 허락받고 왔으니 걱정하지 않으셔도 됩니다. 다음 주에는 '임금의 권위가 살아 있는 풍경의 연출'이란 원칙이 궁궐, 종묘, 사직단, 관청, 시장, 도로의 위치를 잡는 데 어떻게 적용되었는지에 대해 구체적으로 이야기해 드리도록 하겠습니다.

시리 선생님의 말씀을 들어 보니 다음 주에는 새 수도 서울의 모습이 서서히 우리의 눈앞에 드러날 것 같습니다.

이것으로 '역사 인물 환생 인터뷰 서울편 1' 첫 시간을 마치도록 하겠습니다. 재미있고 혁신적인 이야기를 해주신 정도전 선생님께 감사드리고요. 시청자 여러분 그리고 궁금 씨와 청중분들 모두 수고 많으셨습니다. 다음 주에 뵙겠습니다. 안녕히 계십시오.

2부

경복궁이
아니라
'경복궁이 놓인 풍경'이
웅장하고
화려하다

시리 안녕하세요. 역사 방송 아나운서 안시리 인사드립니다. 지난주 정도전 선생님을 모시고 서울이 새 수도로 결정되는 과정, '임금의 권위가 살아 있는 풍경의 연출'이란 도시계획의 원칙, '하늘의 도시' 등에 대해 새로운 이야기를 많이 들었습니다. 이번 주 두 번째 시간에는 '임금의 권위가 살아 있는 풍경의 연출'이란 도시계획의 원칙이 구체적으로 어디에 어떤 모습으로 적용되었는지 살펴보면서 새 수도 서울의 풍경과 도시구조를 하나하나 말씀해 주시기로 했습니다. 오늘도 어김없이 역사도우미 궁금 씨와 청중 열 분이 참석하셨습니다. 이제 이야기의 주인공이신 정도전 선생님을 모시도록 하겠습니다. 선생님, 어서 오십시오. 모두 열렬한 환영의 박수 부탁드립니다.

삼봉 안녕하세요. 3주째 이승에서 멋진 휴가를 즐기고 있는 정도전 인사드립니다. 그런데 환영의 박수 소리가 지난주보다 훨씬 더 크네요. 감사하고 부담도 됩니다. 지난주에 제가 말씀드렸던 내용이 여러분들의 마음에 드셨다는 의미로 받아들이겠습니다. 오늘도 여러분의 기대에 부응할 수 있도록 최선을 다해 보겠습니다.

시리 지난주 선생님께서 하셨던 이야기가 우리들의 마음에 큰 파장을 일으켰고, 오늘은 지난주보다 기대가 더 커져서 자연스럽게 환영의 박수 소리가 더 크고 열렬했던 것 같습니다.

삼봉 안시리 아나운서가 저를 더 쑥스럽게 만드네요. 노력하겠습니다.

시리 선생님, 알겠습니다. 그럼 오늘도 첫 포문은 궁금 씨가 열어주겠습니다. 궁금 씨, 첫 질문은 어떤 건가요?

고려 개성이 조선 서울의 모델

궁금 안녕하세요. 역사도우미 궁금 인사드립니다. 그러면 선생님, 시청자 여러분을 대신해 첫 질문을 드리겠습니다. 오늘은 '임금의 권위가 살아 있는 풍경의 연출'이란 도시계획의 원칙이 서울에서 구체적으로 어디에 어떤 모습으로 적용되었는지 이야기해 준다고 하셨는데요. 그 전에 풍수도시 서울을 계획하실 때 선생님께서 모델로 삼은 도시는 없었는지 그것부터 여쭙고 싶습니다.

삼봉 모델로 삼은 도시요? 전혀 예상하지 못한 질문을 주셨네요. 좋습니다. 이야기를 더 흥미롭게 풀어 가기 위해 제가 대답 대신 질문을 하나 드리겠습니다. 궁금 씨, 제가 새 수도 서울의 도시계획을 잡기 전에 풍수도시가 몇 개나 있었다고 생각하나요? 우리나라든 중국이든 아니면 동아시아든 세계 어디도 좋습니다.

궁금 예? 음…… 우리나라에서 자생풍수自生風水를 이야기하시는 분이 계시다고 들었는데요. 그렇다면 우리나라의 고대국가에도 풍수도시가 많았을 것 같습니다. 그리고 중국에서는 전국시대 말기에 풍수사상이 발생했다고 말씀하셨으니까 그때부터 중국에도 풍수도시가 많았을 것 같고요. 동아시아 역사에서 중국문명의 영향력이 컸으니까 풍수도시 또한 우리나라를 포함한 주변 지역으로 많이 퍼져 나갔을 것 같습니다.

삼봉 궁금 씨가 꽤 논리적으로 대답을 해 주시네요. 감사해요. 안시리 아나운서는 어떻게 생각하나요?

시리 저는 궁금 씨와는 다르게 별로 없었을 것 같습니다. 제가 중국 여행을 여러 번 갔는데, 서울처럼 주산-좌청룡-우백호-안산의 산과 산줄기로 둘러싸인 전통도시를 본 적이 없습니다. 그리고 일본 여행도 여러 번 갔는데, 역시 그런 전통도시를 본 적이 없습니다.

삼봉 두 분 다 성심성의껏 대답해 주셔서 감사합니다. 논리 적으로만 생각하면 궁금 씨처럼 생각할 수 있고, 경험 적으로 대답하면 안시리 아나운서처럼 말할 수 있다고 봅니다. 그럼 어떤 대답이 사실에 부합하느냐 하면요, 안시리 아나운서의 경험적인 대답입니다. 풍수사상의 발상지로 알려진 중국에는 놀랍게도 풍수도시가 전혀 없었어요. 일본도 마찬가지였습니다. 그러면 우리나라 고대국가의 도시들은 어땠느냐 이것이 궁금하겠죠? 역 시 없었습니다.

궁금 선생님, 그러면 풍수도시는 언제 처음 탄생한 건가요?

삼봉 후삼국시대 후고구려의 수도였던 개성에서 처음 생겨 났습니다.

궁금 어떤 이유에서인가요?

삼봉 그건 제가 이야기하기보다는 후삼국시대 풍수도시 개 성을 만든 사람들로부터 직접 듣는 것이 좋을 것 같습 니다. 아마 '역사 인물 환생 인터뷰' 제작팀에서 그렇게 계획하고 있을 것 같은데요? 안시리 아나운서, 어떻습 니까?

시리 '풍수도시 개성의 탄생'이란 주제가 이미 준비되어 있고요, 그땐 후삼국시대의 영웅호걸 세 분이 출연할 예정입니다.

삼봉 그렇죠? 그러니까 그 이야기는 그때 들으시죠. 저도 풍수도시 개성의 탄생 과정에 대해 좀 공부하긴 했습니다만 양보하겠습니다. 어쨌든, 풍수도시는 후삼국시대 개성에서 처음 탄생한 것이고, 고려에서 임금풍수로 번영하다 우리 조선의 서울에까지 이른 겁니다. 그렇다면 궁금 씨가 아까 질문했던, 제가 풍수도시 서울을 계획할 때 모델로 삼은 도시는 어디였을까요?

궁금 그렇다면 당연히 개성 아닌가요?

삼봉 맞아요. 개성밖에 있을 수가 없죠.

시리 궁금 씨의 질문에 선생님께서 우리나라든 중국이든 아니면 동아시아든 세계 어디도 좋으니 풍수도시가 몇 개나 있었는지 되물어보신 이유를 이제 알겠습니다. 당시 선생님께서 참고할 수 있는 동아시아 전체에서 수도로서 풍수도시는 개성밖에 없었으니 새 수도 서울을 풍수도시로 계획하고자 한다면 당연히 개성을 모델로 삼을 수밖에 없었다는 말씀이네요.

삼봉 바로 그거에요. 이미 말한 바 있지만 당시의 사람들에게 풍수는 문화유전자로 각인되어 있었잖아요. 게다가 풍수로 제일 좋은 곳은 개성이고 그 다음이 서울이라는 인식까지 퍼져 있었으니 당연히 개성을 모델로 하지 않으면 안 되었습니다. 만약 그렇게 하지 않았다면 당시의 사람들이 새 수도 서울의 권위를 인정할 수 있었을까요? 인정하지 않았을 것이 분명합니다. 그건 사회·정치적 혼란, 더 나아가 반란의 큰 빌미가 될 수 있었을 것예요.

시리 개성을 모델로 삼을 수밖에 없었던 이유가 이제 충분히 이해가 되었습니다. 그렇다면 모델이 있었으니 도시계획은 꽤나 수월했을 것 같은데, 아닌가요?

삼봉 그렇다고 도시계획이 수월했을 거라고 예상하는 것은 좀 지나친 것 같습니다. 그 이유는 첫째, 개성과 서울의 지형이 주산-좌청룡-우백호-안산의 큰 틀에서는 비슷했지만 구체적으로 들어가면 다른 게 많았어요. 따라서 당연한 것이지만 개성을 모델로 했다고 하더라도 똑같을 수는 없었죠. 둘째, 개성을 모델로 한 풍수도시 제1의 원칙을 지키면서도 개성에는 적용되지 않았던, 중국

수도계획의 지침서『주례고공기周禮考工記』의 원칙 일부를 추가했어요. 이것은 우리 조선이 고려를 계승하면서도 고려와는 다른 새로운 유교 중심의 국가라는 사실을 상징적으로 보여 주기 위해 꼭 필요한 것이었습니다.

궁금 그렇다면 개성을 모델로 삼았다는 표현보다는 개성을 주 모델로 삼고,『주례고공기』의 도시모형을 보조 모델로 삼았다고 표현하는 것이 더 적절해 보이는데요?

삼봉 꼭 그런 것만은 아닙니다. 예를 들어 '임금이 조상(祖)에게 제사 지내는 종묘는 궁궐의 왼쪽(左)에, 토지신과 곡식신에게 제사 지내는 사직단(社)은 궁궐의 오른쪽(右)에 만든다'는 좌조우사左祖右社의『주례고공기』 원칙은 유교 국가 조선을 각인시키기 위해 꼭 지켜야 하는 것이었는데요. 풍수의 논리로 포장하는 과정에서 중국과 비슷하면서도 꽤 달라졌습니다. 구체적인 이야기는 이따가 할 텐데요.『주례고공기』의 도시모형을 보조 모델이라고 이야기하면 풍수의 논리가 가장 중요했고 『주례고공기』의 도시모형이 부차적이라는 가중치의 문제로 잘못 이해할 수가 있어서 말씀드리는 겁니다. 『주례고공기』의 원칙 일부를 추가했다는 저의 말은 개성에 없는 원칙이 추가로 적용되었다는 의미이지, 부차적이었다는 의미는 아닙니다.

시리　선생님, 그러면 두 모델을 물리적으로 결합한 것이 아니라 화학적으로 결합했다고 이해하면 될까요?

삼봉　그렇게 보면 딱 맞을 것 같아요.

시리　두 모델이 화학적으로 결합하여 도시의 어떤 모습으로 나타났을지 더 궁금해집니다. 개성과 비교하면서 설명해 주시면 더욱 분명해질 것 같습니다.

삼봉　예. 필요한 부분에서는 그렇게 하도록 하겠습니다.

궁금　선생님, 그러면 풍수도시 서울의 이야기를 이제부터 구체적으로 시작하시는 거죠?

삼봉　궁금 씨가 많이 답답하셨나 보네요.

궁금　답답했던 건 아니고, 이야기의 전환이 필요하다고 생각해서 말씀드린 겁니다. 저도 새 수도 서울의 모델 이야기가 꼭 필요했다고 생각했고, 내용도 굉장히 흥미로웠습니다. 다만 방송이다 보니까 이쯤에서는 구체적인 도시계획 이야기로 나아가야 할 때가 된 건 아닌가 해서 말씀드렸습니다.

삼봉　맞아요. 궁금 씨가 끊어 주지 않았으면 너무 질질 끌 뻔

했네요. 그럼 이제 구체적인 도시계획 이야기로 들어가 보기로 하죠. 먼저 새 수도 서울의 도시계획을 세울 때 제가 가장 먼저 위치를 잡은 것은 무엇일까요? 이 질문은 너무 쉽죠? 당연히 우리 주상 전하가 살면서 조선을 통치할 궁궐이었고, 그 안에서는 가장 권위가 있어야 하는 근정전이었습니다. 그러면 근정전의 위치는 어떻게 잡았을까요? 바로 풍수의 기본 논리를 따르면서도 시각적으로 '임금의 권위가 살아 있는 풍경의 연출'이라는 원칙에 따라 풍수 전문가인 상지관의 논리를 조정해 나갔습니다.

궁금 그런 이야기가 문헌 기록에도 나와 있나요?

삼봉 하하하! 나오면 안 되죠. 풍수가 문화유전자로 자리 잡고 있던 그 당시의 사람들에게 풍수의 전문가인 상지관의 논리를 제가 그대로 받아들이지 않고 조정해 나갔다는 사실이 알려지면 어떻게 되겠어요? 난리가 났겠죠. 게다가 시간도 충분히 주어지지 않았기 때문에 저는 새수도궁궐조성특별위원회에서 최종 결정이 정해지는 과정에 대해서는 철저하게 비밀에 부치도록 했습니다. 천도라는 것이 얼마나 위험한 것인지를 강조하면서 최대한 빠르게 끝내는 것이 목표여야 하고 의견이 너무 분분해서는 안 된다고 설득하면서, 중간 과정에서는 충분히 논의하겠지만 최종적으로는 저의 판단과 결정을 믿어 달라고 정말 간곡하게 부탁했습니다. 저의 간곡한 부탁 때문인지는 모르겠지만 다들 잘 따라 주었죠. 그래서 제가 상지관들의 논리를 조정해 나간 이야기는 문헌에 기록되지 않게 되었습니다.

웅장한 게 아니라 '웅장하게 보이면' 된다

시리 정말 비장하셨네요. 제가 진실을 알 수는 없지만 선생님의 간곡한 부탁이 나머지 특별위원 다섯 분을 감동시키지 않았을까 합니다. 어쨌든 큰 잡음 없이 착착 진행되었을 것 같은데요. 이제부터는 순서대로 말씀해 주시는 거죠?

삼봉 안시리 아나운서께서 너무 좋게 봐 주시니 감사합니다. 그래요, 큰 잡음 없이 착착 진행되었죠. 풍수도시니까 먼저 주산主山을 정해야 하잖아요. 서울의 도성 주위를 둘러싼 산과 산줄기 중에서 북쪽의 북악산과 서쪽의 인왕산 두 산이 크고 웅장합니다. 그래서 상지관들 사이에 북악산을 주산으로 삼자는 사람도 있었고, 인왕산을 주산으로 삼자는 사람도 있었습니다. 둘 다 일리는 있었는데요. 임금은 남쪽의 태양을 바라보며 앉아 있어야 한다는 논리를 내세워 제가 북쪽의 북악산을 주산으로 정했습니다. 도성의 조산祖山인 삼각산에서 뻗어 나와 첫 번째로 솟아난 산이 북악산이니까 큰 하자는 없을 거라고 봤습니다. 게다가 하늘로 솟은 거대한 화강암의 산이니 산 자체만으로도 임금의 위엄을 표현하기에 부족함이 없었습니다.

시리 풍수의 주산을 북악산으로 정했으니 그 다음엔 북악산에서 시작된 땅의 기운(地氣)이 땅속을 흐르다 솟아나오는 혈처를 찾는 것이 순서였을 것 같습니다.

삼봉 아까도 말했지만 다들 그렇게 생각했죠. 하지만 안시리 아나운서의 말 중에서 하나는 수정해야 해요.

궁금 저는 안시리 아나운서의 말에 잘못이 별로 없는 것 같은데요?

삼봉 풍수를 조금이라도 들어 본 사람이라면 다들 그렇게 말할 겁니다. 하지만 저는 달라요. 안시리 아나운서가 혈처를 찾는다고 말했는데, 저에게 혈처는 찾는 것이 아니라 정하는 겁니다. 땅의 기운이 땅속을 흐른다는 것을 믿지 않는 제가 그 기운이 솟아나는 혈처가 있다는 것을 믿겠습니까? 다만 제가 혈처를 정하기는 하지만 상지관으로 하여금 그렇게 정해진 혈처가 땅의 기운이 솟아나는 곳이라는 논리를 만들도록 했습니다. 혹시 풍수를 종교적 신앙으로 믿고 있는 사람들이 왜 그곳이 혈처냐고 물어 오면 대답해야 했으니까요.

시리 주도면밀하셨네요.

삼봉 제가 주도면밀했다고요? 당연하죠. 제가 보기에 풍수에서 말하는, 땅의 기운이 땅속을 어떻게 흐르는지, 그것이 어디에서 솟아나 혈처가 되는지, 이런 것은 다 '코에 걸면 코걸이 귀에 걸면 귀걸이' 식이라서 누군가 힘센 자가 나타나 반대 논리를 만들어 여론이 들끓게 되면 국론 분열과 사회·정치적 혼란으로 치달을 수 있었죠. 그러니 주도면밀하게 미리 준비하여 예방하지 않으면 안 되었습니다.

시리 무슨 말씀인지 알겠습니다. 그러면 혈처는 어떤 원리로 정하셨나요?

삼봉 '임금의 권위가 살아 있는 풍경의 연출'이란 원리죠. 혈
처에 만들어진 것이 경복궁과 근정전이잖아요. 이런 혈
처를 정할 때 저는 그 위에 건축될 경복궁과 근정전의
큰 그림을 이미 머릿속에 그리고 있었습니다. 어떻게
그렸는지 말로 하면 이해하기가 쉽지 않을 것 같아서
다 완성된 경복궁의 풍경을 통해 설명해 드리려고 합
니다. 자, 옆의 사진을 봐 주시죠.

궁금 와~ 선생님. 풍경이 진짜 멋진데요? 정말 웅장하네요.

시리 제가 봐도 정말 멋지고 웅장하네요. 제가 저곳을 여러
번 가 봤는데도 왜 저는 저 풍경에 주목하지 못했을까
요?

삼봉 하하하! 두 분의 반응을 보니까 제 머릿속에 그렸던 풍
경의 의도가 확실히 통한 것 같아서 기분이 좋습니다.

시리 선생님, 다시 한번 말씀드리지만 보는 순간 '와~ 멋진
데? 진짜 웅장한데?' 이런 감탄이 저절로 나옵니다. 압
도적인 풍경입니다.

삼봉 궁금 씨에게 물어보겠는데요. 웅장하게 느껴진 이유는
뭔가요?

세종대로사거리에서 본 북악산과 경복궁 풍경 ➲

보현봉

북악산

인왕산

경복궁

세종대로사거리

궁금　당연히 하얀 구름이 살짝 낀 맑고 푸른 하늘에 높고 웅
　　　장하게 솟은 북악산과 그 뒤의 보현봉 때문이죠.

삼봉　안시리 아나운서는요?

시리　저라고 다를 리 있나요? 궁금 씨와 똑같습니다.

삼봉　두 분 다 경복궁 때문이라고는 안 하네요.

시리　저 풍경을 보고서 경복궁 때문에 웅장함을 느꼈다고
　　　말할 사람이 있을까요? 궁금 씨는 어때요?

궁금　같은 생각입니다.

삼봉　그래요? 좋습니다. 만약 북악산 아래에 자금성의 태화
　　　전처럼 높고 웅장한 궁전을 지었다면 어떻게 느껴지겠
　　　어요?

시리　자금성의 태화전요? 저는 가 봤는데요. 그 압도적인 규
　　　모 때문에 놀랐던 기억이 생생합니다. 만약 자금성의
　　　태화전을 북악산 아래에 지었다면, 음…… 상상이 잘
　　　안 되는데요?

삼봉　안시리 아나운서 뭘 망설이세요? 그때의 충격적인
　　　기억이 너무 강하게 남았나 봅니다. 답은 너무 쉬운
　　　데…….

시리　예? 너무 쉽다고요?

삼봉 북악산의 높이는 342.5미터예요. 그리고 태화전의 높이
     는 본건물만 37미터고요. 3단의 월대까지 합해도 50미
     터 조금 더 넘을 겁니다. 이 정도 크기의 태화전을 북악
     산 앞에 만들었다면 어떻게 보였겠어요? 이번엔 궁금
     씨가 대답해 보실래요? 아참, 궁금 씨도 자금성 가 봤
     죠?

궁금 예, 저도 가 봤습니다. 안시리 아나운서와 마찬가지로
     그 엄청난 규모에 압도되었던 기억이 지금까지도 선연
     하게 남아 있습니다. 그런데 자금성의 태화전을 북악산
     아래에 만들었다면 어떻게 느껴지겠느냐고 갑자기 물
     어보시니까 솔직히 헷갈리고 망설여집니다.

삼봉 두 분 다 이젠 너무 망설이지 않았으면 좋겠습니다.
     342.5미터와 50미터, 에이, 인심 더 써서 60미터라고 하
     죠. 342.5미터의 북악산과 60미터의 태화전 둘을 함께
     놓고 비교해 보면 게임이 될 것 같나요? 높이가 아니라
     정면의 좌우 폭으로도 비교해 볼까요? 태화전의 폭은
     64미터 정도 되는데, 북악산은 무려 1,000미터 정도 돼
     요. 북악산의 1,000미터와 태화전의 64미터 둘을 함께
     놓고 비교해 보면 역시 게임이 될 것 같나요? 안시리

아나운서, 망설이지 말고 과감하게 말해 봐요.

시리 예. 선생님의 이야기를 들어 보니 솔직히 게임이 안 된
다고 생각합니다.

삼봉 궁금 씨는요?

궁금 예. 저도 비교가 안 된다고 생각합니다.

삼봉 두 분 다 이제야 솔직해지시네요. 만약 자금성의 태화
전이 북악산 아래에 만들어졌다면 여러분들이 태화전
의 압도적인 규모 때문에 놀라지는 않을 겁니다. 이건
자금성의 태화전에만 해당되는 이야기가 아닙니다. 궁
궐이든 종교 건축물이든 무덤이든 전통시대에 만든 건
축물이라면 다 좋아요. 아무리 크고 웅장하더라도 만약
북악산 아래에 만들었고 이 사진을 찍은 위치에서 바
라봤다면 그렇게까지 압도적으로 웅장하게 보일 수 있
을까요? 저 사진 속의 경복궁처럼 그냥 북악산 아래에
있는 하나의 풍경 요소로만 보여질 겁니다. 여기서 산
아래에 궁궐을 만든 나라는 풍수사상이 수도의 건설에
핵심적인 논리가 되었던 우리나라밖에 없었다는 점을
다시 한번 생각해 보세요. 왜 다른 문명, 다른 국가에서
는 산 아래에 궁궐을 만들지 않았을까요?

시리 무슨 말씀인지 알겠습니다. 아무리 크고 웅장하게 만들어도 크고 웅장하게 보이지 않기 때문이겠죠.

삼봉 맞아요. 바로 그거에요. 크고 웅장한 것은 권위를 상징합니다. 평등 사회인 요즘도 그렇긴 하지만 임금을 정점으로 한 불평등의 신분제 사회였던 옛날에는 훨씬 더 그랬죠. 그것이 궁궐에 적용되면 시각적으로 크고 웅장하게 보이는 것은 하늘의 뜻에 따라 국가를 다스리는 임금의 권위를 상징하는 첫 번째의 요소예요. 그런데 아무리 크고 웅장하게 지어도 더 높고 웅장한 산 아래에 있으면 시각적으로 크고 웅장하게 보이지 않기 때문에 우리나라를 제외한 다른 문명과 국가에서는 산 아래에 궁궐을 짓지 않는 겁니다. 산과의 관계에서 궁궐의 유형은 우리나라를 제외하면 두 가지밖에 없었어요. 명나라와 청나라의 수도였던 북경처럼 산이 저 멀리 떨어진 완전 평지에 만들거나, 체코의 프라하성처럼 주변이 확 트인 높지 않은 산이나 언덕 위에 만들거나 둘 중의 하나였죠. 두 경우 모두 크고 웅장한 궁궐을 짓는데요. 주변에 더 높은 산이 없기 때문에 더 크게 보이고 웅장하게 느껴지는 거죠. 앞으로 이런 관점에서 다

른 나라의 수도나 궁궐을 바라보시면 기존과는 다르게
보일 겁니다.

궁금 선생님, 솔직히 자금성의 태화전을 보면서 '우리나라
서울의 경복궁은 왜 크고 웅장하게 짓지 않았을까?' 이
런 의문을 가졌던 게 사실입니다. 이제야 그 의문이 좀
풀리는 것 같은 느낌인데요. 아직 확실한 답을 얻어 내
지는 못했습니다.

삼봉 자금성의 태화전뿐이겠습니까? 하늘나라에서 쭉 지켜
봤는데, 여러분이 살고 있는 대한민국은 이제 세계 곳
곳의 외국 여행을 밥 먹듯이 다닐 수 있는 부자 나라가
되었잖아요. 중국이든 일본이든 동남아시아든 인도든
유럽이든 중동의 이슬람 지역이든 세계 어디든 좋습니
다. 여러분들이 외국 여행을 가서 전통시대의 건축물을
보았을 때 '우리나라 서울의 경복궁은 왜 크지 않고 웅
장하지도 않지?', 아니, '왜 우리나라의 옛날 건축물은
모두 다 크지 않고 웅장하지도 않지?'라는 의문을 가지
지 않았었나요? 다들 한 번쯤은 생각해 봤을 것입니다.
다만 애국심에 불타서 속으로만 생각하고 겉으로는 표
현하지 않는 사람이 아마 대부분일 겁니다.

시리 선생님, 제가 외국 여행을 꽤 다녔는데요. 솔직하게 그랬습니다. 그러고는 우리 민족은 자연과 인간의 조화를 꾀하는 문화를 갖고 있었기 때문에, 농경민족이었기 때문에, 유교 문화권이었기 때문에…… 등등 별의별 이유를 다 대면서 사치보다는 소박한 것을 우선시하는 좋은 민족성을 가졌다고 합리화했습니다. 그것도 안 되면 우리나라는 작은 나라였기 때문에, 우리가 너무 못살았기 때문에, 물산이 풍부하지 않았기 때문에…… 등등의 이유를 대면서 자존심에 상처를 입기도 했습니다.

삼봉 대부분의 대한민국 사람들이 그랬을 겁니다. 하지만 이제 알았죠? 우리나라, 아니 우리 조선도 임금의 권위를 표현하기 위해 크고 웅장한 것을 포기하지 않았다는 것을. 아니다, 절대 포기할 수 없는 당연한 것이었어요. 우리라고 높고 웅장한 것이 시각적으로 임금의 권위를 표현하기에 가장 쉬운 방법이라는 것을 몰랐을 리 없잖아요.

궁금 선생님, 아직 확실하게는 이해가 되지 않습니다. 솔직하게 경복궁은 외국 여행을 갔을 때 봤던 수많은 궁궐에 비해 크지도 않고 웅장하지도 않잖아요. 그런데 어떻게 임금의 권위를 표현하기 위해 크고 웅장한 것을 포기하지 않았다고 말할 수 있는 건가요?

삼봉 궁금 씨, 아까 앞에 있는 이 사진을 보자마자 '정말 웅장하네요.' 이렇게 말했잖아요.

궁금 예. 그렇게 말한 것은 사실인데요…….

삼봉 '사실인데요' 그 다음에 뭘 말하려고 했나요? 다 알아요. 아무리 그래도 궁궐은 작지 않느냐, 이렇게 말하려고 하지 않았나요? 그런데 여러분들에게 한 가지 꼭 알려 주고 싶은 것이 있어요. 크고 웅장한 것을 통해 임금의 권위를 표현할 때 왜 꼭 궁궐 그 자체로만 해야 한다고 생각하나요? 신하든 백성이든 임금을 만나러 갈 때 바라보는 풍경 전체가 범접할 수 없는 존재로서 임금의 권위를 담고 있는 것이고, 그 풍경에서 '정말 웅장하네요!' 이런 말이 곧바로 튀어나오거나 느껴지게 만들면 그게 바로 임금의 권위를 제대로 표현한 겁니다. 우리나라를 제외하면 산 아래에 궁궐을 만든 사례가 없기 때문에 북악산과 북한산, 실제로는 보현봉의 웅장함을 통해 범접할 수 없는 임금의 권위를 표현할 수도 있다는 것을 다들 이해하지 못하고 있을 뿐입니다.

시리 아~ 이제 알겠어요. 높고 웅장함을 통해 임금의 권위를 표현한다는 것은 궁궐에 앉아 있는 임금의 시각이 아니라 임금을 만나러 가는 신하와 백성의 시각에서 보이는 풍경을 통해 이루어진다는 거죠?

삼봉 바로 그거에요. 하늘의 뜻에 따라 국가를 통치하는 임금의 권위는 임금 스스로 선언해서 얻어지는 것이 아니라 신하와 백성이 임금을 범접할 수 없는 지존의 존재로 당연하게 여기는 인정 속에서 굳건해집니다.

시리 예. 무슨 말씀인지 이제야 충분히 이해가 갑니다. 그렇다면 저 사진 속에서 북악산과 보현봉이 임금의 권위를 상징하는 거네요?

삼봉 예, 맞아요. 풍수에서 주산主山이라고 할 때 한자 주主의 뜻은 일반적으로 주인이라고 하는데요. 전통시대의 국가에서 주인은 누군가요? 임금이잖아요. 그러니 수도 서울에서 주산主山은 임금의 권위를 담고 있는 최고의 상징입니다. 저 사진 속에서 하얀 구름이 약간 낀 맑고 푸른 하늘에 높고 웅장하게 솟은 북악산과 그 뒤의 보현봉 모습을 보았을 때, 누구든 '와~ 정말 웅장하네요!' 이런 감탄사를 곧바로 내뱉게 만드는 것, 그것이 제가 경복궁과 근정전의 위치를 잡을 때 구현하고자 했던 최고의 목표였습니다.

궁금 저도 이제 충분히 이해가 되네요. 임금의 권위를 상징하는 경복궁의 웅장함은 건물 그 자체가 아니라 북악산과 보현봉을 통해 표현되었다는 것이네요. 조금 더 생각해 보면 저 사진 속 풍경에서 경복궁 그 자체는 웅장하게 지을 필요가 없었다는 거고요.

삼봉 궁금 씨도 이제 거의 다 이해한 것 같습니다. 저 사진 속의 풍경에서 경복궁은 높고 웅장한 북악산과 보현봉 속에 일체화된 이미지로만 담겨 있으면 됩니다. 풍수사상이 문화유전자로 자리 잡은 조선에서는 궁궐이든 종교 건축물이든 아니면 일반 집이든 무덤이든 무조건 크고 웅장하게 만드는 것을 의도적으로 꺼렸고, 그게 문화적 관습으로까지 정착되었습니다. 혹시라도 크고 웅장하게 건물을 지은 경우를 보면 다들 '무식하다, 사치스럽다, 자연스러움의 멋이나 아름다움을 모른다'라고 말하면서 손가락질을 했다고나 할까요? 궁궐을 포함하여 조선의 모든 건축물이 세계적 차원에서 볼 때 높지 않고 웅장하지 않게 건축된 근본 이유가 바로 여기에 있습니다.

궁금   선생님, 혹시 개성에도 저 사진 속의 풍경이 있나요?

삼봉   풍수도시의 최초 탄생이 개성이었으니까 당연히 있지요. 만월대 앞쪽에서 바라보면 맑고 푸른 하늘 아래에 송악산(490미터)이 우뚝 솟아 있고요. 그 안에 고려의 궁궐이 포근하게 담겨 있었습니다.

궁금   그러면 통일신라나 고구려나 백제의 수도에서는 어땠나요?

삼봉   최초의 풍수도시가 후삼국시대에 만들어진 개성이라고 했잖아요. 그 이전 나라들의 수도는 풍수와 아무런 관련 없이 만들어졌어요. 따라서 궁궐 뒤쪽에 높고 웅장한 산은 없었어요. 통일신라나 고구려나 백제도 당연히 높고 웅장한 궁궐의 건축을 통해 임금의 권위를 표현했어요. 여러분들이 외국에서 보는 그런 궁궐만큼 크고 웅장하게 지었다고 보면 됩니다.

시리   선생님의 말씀을 들으니 우리나라가 작은 나라라서, 큰 나라를 섬겼기 때문에, 산이 많아서, 물산이 풍부하지 않아서, 유교 국가라서 등등의 이유 때문에 궁궐을 포함한 모든 건축물을 작게 만들었다…… 이렇게 생각해 왔던 모든 것들이 와르르 무너지고 있습니다.

삼봉 하하하! 다시 말하지만 저 사진 속의 풍경은 세계 모든 나라 중에서 우리나라에만 있는 거예요. 우리나라의 역사에서 보면 고려와 조선에서만 있던 겁니다. 그런데 아직도 우리나라 사람 대부분이 그런 생각을 잘 못해요. 저로서는 신기할 따름입니다. 안시리 아나운서는 빨리 버린 겁니다. 이제 안시리라는 개구리가 우물 안을 겨우 벗어나 더 큰 세계의 관점에서 역사를 보기 시작한 거죠.

궁금 선생님, 우물 안을 벗어난 개구리에 저도 넣어 주세요.

삼봉 하하하! 알았어요. 궁금 씨도 이제 막 우물 안을 벗어난 개구리입니다. 이제 됐죠?

화려한 게 아니라 '화려하게 보이면' 된다

시리 선생님, 이제 우물 안을 벗어난 개구리가 되었으니 질문 하나 더 드리겠습니다.

삼봉 질문이요? 혹시 저 사진 속의 풍경에 대한 질문인가요?

시리 예, 그렇습니다. 아까 저 풍경을 보고 궁금 씨나 저나 멋지고 웅장하다고 말했잖아요. 이 표현 중에서 웅장하다는 것이 궁궐 건축에 미친 영향에 대해서는 충분히 이해했는데요. 혹시 멋지다는 것도 궁궐 건축에 어떤 영향을 미치지 않았을까 하는데요.

삼봉 안시리 아나운서가 우물 안을 벗어나니까 눈이 확 트인 것 같습니다. 맞아요, 영향을 엄청 미쳤어요. 건축물에서 권위를 표현하는 가장 큰 요소는 당연히 웅장함이고, 그 다음의 요소는 화려함입니다. 화려함의 종류가 엄청 많기 때문에 화려함이란 '이것이다!'라고 딱 부러지게 잘라 말할 수는 없지만, 다른 건축물과 다르게 보이려고 노력한 것이라고는 말할 수 있을 것 같아요. 경복궁도 조선의 다른 건축물들과 비교해 보면 당연히 화려하다고 말할 수 있어요. 하지만 다른 나라의 궁궐과 비교했을 때는 화려하다고 말할 수는 없죠. 그런데 우리 조선 사람들도 화려함을 통해 임금의 권위를 표현하는 것이 중요하다는 것을 모를 리 없잖아요. 그럼에도 상대적으로 덜 화려하게 만든 이유는 뭘까요?

시리 혹시 그 이유가 바로 저 풍경 속에 있는 것 아닌가요?

삼봉 예, 맞아요. 회색의 거대한 화강암 위에 나무의 푸르름
    이 더해진 북악산, 그리고 그 뒤쪽에 뾰족하게 솟아난
    하얀 화강암을 드러낸 보현봉……. 궁금 씨와 안시리
    아나운서가 보자마자 말했듯이 정말 멋지지 않나요?
    저렇게 멋진 산 아래에 아무리 화려한 궁궐을 지었다
    하더라도 과연 화려하게 보였을까요?

궁금 저 풍경 속에선 건축물의 화려함이 주목받진 못하겠죠.

삼봉 궁금 씨도 우물 안을 벗어나니 이제 대충 봐도 핵심이
    무엇인지 떠오르는 것 같습니다. 맞아요. 주목받을 수
    도 없고, 조화롭지도 않을 겁니다. 그러니 어떻게 하겠
    습니까. 굳이 엄청나게 화려하게 만들려고 해 봐야 소
    용없으니 저 멋진 풍경을 해치지 않도록 상대적으로
    단순하고 소박하게 만들지 않았을까요? 풍수사상이 문
    화유전자로 자리 잡은 조선에서는 웅장함과 마찬가지
    로 무조건 화려하게 만드는 것을 무의식적으로 꺼렸습
    니다. 이는 문화적 관습으로 정착했는데요. 조선의 모
    든 건축물이 세계적 차원에서 볼 때 상대적으로 화려
    하지 않게 된, 반대로 상대적으로 단순하고 소박하게
    된 근본 이유가 바로 여기에 있습니다.

궁금 저 풍경 하나로 조선 건축물의 큰 흐름을 다 설명할 수 있는 거네요.

삼봉 그렇죠. 세세하고 구체적인 것까지야 당연히 어렵겠지만 큰 흐름은 다 설명할 수 있죠. 당시 우리 조선에서 가장 모범이 되어야 할 건축물은 당연히 우리 주상 전하께서 거주하며 나라를 통치하는 경복궁이었잖아요. 우리나라만 그런 것이 아니라 세계 대부분의 나라가 다 그랬습니다.

시리 고구마를 캘 때 줄기만 잘 잡아당기면 고구마가 줄줄이 따라 나오는 것과 같은 원리네요.

경회루에는 자연병풍이 있다

삼봉 본질이나 핵심을 잘 꿰뚫어 보면 다른 측면들도 쉽게 말할 수 있잖아요. 저 풍경 말고도 경복궁에는 우리나라 건축물의 화려함의 문제를 살펴볼 수 있는 곳이 두 곳이 더 있습니다. 혹시 소개해 드리고 싶은데, 어떠세요?

궁금 그런 곳이 또 있어요? 소개해 주시면 무조건 땡큐죠.

삼봉 알겠습니다. 다른 나라의 궁궐에 비해 우리나라의 궁궐
이 상대적으로 웅장하지 않다는 것은 이미 말한 그대
로입니다. 그런데, 이런 특징에 위배되는 하나의 건축
물이 경복궁 안에 있습니다. 과연 뭘까요? 궁금 씨, 한
번 생각해 볼래요?

궁금 예? 음…… 제가 아무리 우물 안을 벗어난 개구리가 되
었다지만 이제 막 벗어난 개구리일 뿐이라 그런지 잘
떠오르지가 않네요. 그냥 선생님께서 말씀해 주시면 좋
겠습니다.

삼봉 궁금 씨, 솔직해서 좋아요. 그래도 이왕이면 여러분이
먼저 모티브를 던지고 제가 이야기를 이어 나가는 것
이 모양상 더 좋지 않을까 하는데요. 안시리 아나운서
가 한번 생각해 볼래요?

시리 저도 이제 막 우물 안을 벗어난 개구리라서, 음…… 혹
경회루 아닌가요? 제가 중국과 일본 여행을 꽤 했는데
요. 정원 안에서 경회루처럼 큰 정자나 누각을 본 적이
없어서요.

삼봉 와~ 맞혔어요. 궁궐이나 영주의 정원이라는 관점에서

경회루 전경 🔗

보현봉

북악산

인왕산

향원정

경회루

볼 때 중국과 일본에서는 경회루처럼 큰 정자나 누각을 찾기가 어려울 겁니다. 하늘나라에서 보니까 대한민국에서 이런 의문을 품는 사람이 거의 없어서 안타까웠습니다. 그러면 왜 그렇게 된 걸까요? 다른 건축물은 상대적으로 작게 만들면서 유독 정원 안의 경회루만은 크게 만든 이유가 대체 뭘까요? 궁금하지 않나요?

시리 선생님, 원래는 의문조차 품지 않았으니 궁금했을 리가 없다는 거 다 아시면서 괜히 반문하시는 것 아닌가요? 어쨌든 지금은 의문을 품게 되었기 때문에 솔직히 엄청 궁금합니다. 그 이유가 도대체 뭔가요?

삼봉 여러분들이 다른 나라의 궁궐 모습을 먼저 생각해 보면 쉽게 답을 찾을 수 있습니다. 먼저 중국 북경의 자금성을 예로 들어 볼까요? 완전 평지에 만들어졌고 엄청난 높이의 성벽으로 둘러싸여 있어서 궁궐 안에서 밖은 전혀 보이지 않잖아요. 그 안에는 자연을 닮았든 기하학적인 모양이든 깔끔하고 아기자기하게 인공적으로 풍경을 만든 정원이 있습니다. 그런데 만약 정원 안의 정자와 누각이 성벽 밖이 보일 정도로 높고 크게 만들어졌다고 가정해 보세요. 성벽 밖은 백성들의 공간이잖아요. 그런 백성들의 공간이 보인다면 안쪽의 깔끔하고 아기자기한 정원의 풍경이 시각적으로 약화돼요. 그래서 세계 대부분의 정원은 크든 작든 바깥세상과 시각적으로 완전히 차단하기 위해 높은 벽이나 복잡한 통로를 만들었고, 더불어 그 안의 건축물도 작습니다.

궁금 선생님, 산이나 언덕 위에 있는 궁궐과 영주성도 많던데요. 그런 곳에서는 바깥이 훤히 보이지 않나요?

삼봉 맞아요. 조금 높은 건물 위에 올라가면 훤히 보여요. 하지만 임금이나 영주는 바깥 풍경을 보면서 휴식을 취하거나 즐기는 행위를 하지는 않습니다. 왜냐하면 바깥 풍경은 대부분 백성들의 공간이기 때문인데요. 임금이나 영주가 휴식을 취하는 정원의 풍경은 일상으로부터 벗어난 꿈의 세계, 환상의 세계로 구성되어 있어야 해요. 하나의 예를 들면 스페인 남부의 알람브라 궁전은 높은 산 위에 있는데요. 물이 흐르고 분수가 뿜어져 나오며 화초와 나무가 무성한 정원은 철저하게 바깥세상과 분리되어 있습니다. 산이나 언덕 위에 있는 궁궐이나 영주성들의 정원은 다 이렇게 만들어져 있어요. 결국 완전 평지에 만든 궁궐이든, 산이나 언덕 위에 만든 궁궐이든 정원은 바깥세상과 완전히 차단된 꿈의 세계, 환상의 세계로 만들어집니다.

시리 선생님, 그렇다면 경회루가 있는 정원만은 예외적인 어떤 특징이 있어서 누각이 커진 건가요?

삼봉 예, 그렇습니다. 다른 나라의 정원에서는 볼 수 없는 독특함이 있어서 누각이 커진 겁니다.

시리 그게 무엇인가요?

삼봉 저 사진에서 보는 풍경에 이미 답의 50퍼센트가 들어 있어요.

시리 혹시, 북악산과 보현봉 같은 산 때문인가요?

삼봉 그렇죠! 우리나라 사람들에게 익숙한 풍수에서는 명당 터의 기본 조건으로 주산-좌청룡-우백호-안산의 산과 산줄기로 둘러싸인 분지 지형을 선호하잖아요. 그 때문에 서울 도성 안, 나아가 경복궁 안의 어느 지역에서도 산과 산줄기를 시각적으로 차단하기가 정말 어려운데요. 산과 산줄기의 풍경이 정말 멋지기까지 합니다. 그렇다면 정원에서 휴식을 취하거나 즐기는 풍경을 인위적으로 만들기보다는 산과 산줄기의 풍경을 그대로 가져오는 것도 생각해 낼 수 있습니다. 경회루 정원이 바로 그렇게 되어 있습니다. 한번 경회루에 올라가 보세요.

궁금 저는 경회루에 올라가 봤는데요. 그런 관점에서 보지 않아서 그런지 산과 산줄기의 풍경을 보지는 못했습니다.

삼봉 주목하지 않아서 그렇지, 조금만 신경을 쓰면 금방 보여요. 그렇게 보이라고 누각을 높게 만든 것이니까요.

궁금 전 경회루 건축의 구체적인 특징에 대해서만 보려 했고, 해설사도 그렇게 설명을 해 주셔서요.

삼봉 하늘나라에서 보니까 요즘은 해설사의 설명이 조금 달라졌던데요. 궁금 씨가 꽤 오래 전에 올라가 봤던 것 같네요. 경회루 난간에서도 당연히 보입니다. 연회를 베풀 때 임금이나 신하 또는 외국 사신이 앉았을 만한 곳에 앉아서 한번 보세요. 사각형의 문틀 안에 서쪽으로는 인왕산이, 북쪽으로는 북악산이 그림처럼 들어가 있습니다. 가서 보시면 정말 어떤 그림보다도 멋진 그림일 겁니다. 어떻게 저렇게 사각형의 틀 안에 멋진 풍경을 담았지? 뭐 이런 생각이 절로 들거예요. 얼마나 멋있는지 사진을 가져왔습니다. 한번 보세요.

경회루 서쪽 문틀에서 본 인왕산(위), 북쪽 문틀에서 본 북악산(아래)

경회루 동쪽 문틀에서 본 건물들(위). 남쪽 문틀에서 본 풍경(아래)

궁금   와, 진짜 멋지네요. 왜 저는 저 그림을 못 봤을까요?

삼봉   방금 궁금 씨 입에서 '저 그림'이란 표현이 나왔잖아요. 보시면 누구나 '정말 멋진 그림'이라고 여길 겁니다. 그러면 동쪽과 남쪽의 문틀 안에는 무엇이 보이느냐…… 바로 그 옆쪽의 이미지들을 보시면 아시겠지요?

시리   와, 문틀 안에 경복궁 건물들의 지붕이 진짜 그림처럼 들어가 있네요? 저렇게 그리기도 힘들 것 같은데요?

삼봉   그렇죠? 옛날에 임금이든 양반이든 앉아 있는 뒤쪽에는 멋진 그림이 그려져 있거나 글씨를 쓴 병풍이 있었잖아요. 경회루에 앉아서 연회를 베풀 때 임금뿐만 아니라 신하들이나 외국 사신들의 뒤에는 저런 자연병풍이 쳐져 있었던 거죠. 여러분들이 저런 자연병풍을 배경으로, 또는 저런 자연병풍을 바라보며 앉아 있다면 어떤 느낌이 들겠습니까? 정말 좋겠죠? 그런데 너무 흥분하진 마세요. 다른 나라 궁궐이나 영주의 정원에도 정자에 앉으면 멋진 풍경의 병풍이 배경으로, 또는 바라볼 수 있게 설계되어 있었습니다. 다만 차이가 있다면 그들은 높은 담장 안에 인공적으로 깔끔하고 아기자기하게 만든 풍경의 병풍이죠. 그런 궁궐은 산과 산줄기로 둘러싸여 있지 않아서 경회루에서 만나는 자연 병풍을 만들어 낼 수는 없습니다. 자, 이 정도로 설명했으면 경회루가 왜 높고 큰 누각으로 만들어졌는지 이해할 수 있겠죠?

궁금 저는 자연병풍의 사진을 보고도 놀랐지만 그걸 설명하는 선생님의 말씀에도 놀랐습니다. 자연병풍은 경회루에 올라가 이리저리 관찰하면 누구라도 우연히 발견할 수 있을 것 같은데요. 그렇지만 그런 자연병풍이 만들어진 이유를 설명하는 것은 쉽지 않습니다. 또한 경회루든 다른 나라 정원의 정자이든 풍경으로 만들어진 병풍이 있다는 설명은 더욱더 하기가 어렵지요.

삼봉 저를 그렇게까지 칭찬하시다니······. 저는 하늘 – 북악산·보현봉 – 경복궁의 3단계 풍경과 경회루의 자연병풍을 계획했던 사람인데 설명을 못하면 그게 문제 아닌가요?

시리 선생님, 그렇긴 한데요. 궁금 씨가 놀랍다고 말한 것은 선생님이 실제의 사례를 보지 않고 만들어 낸 창의적인 아이디어였다고 생각해서라고 봅니다.

삼봉 창의적인 아이디어요? 그렇게 생각해 주시니 감사합니다. 다만 '실제의 사례를 보지 않고 만들어 낸'이란 부분은 받아들일 수 없습니다. 궁궐의 웅장함과 화려함, 정원의 자연병풍, 이런 것에 대한 비교는 모두 나의 경험으로부터 나온 겁니다. 제가 명나라에 사신으로 여러 번 갔다 왔는데요. 궁궐 자체의 웅장함과 화려함, 정원의 인공적인 풍경에 엄청 놀랐거든요. 솔직하게 말하면 처음엔 고려나 우리 조선과 왜 그런 차이가 나는지에 대해 여러분들이 앞서 말한 것과 비슷하게 생각했습니다. 우리나라는 작은 나라라서, 큰 나라를 섬겨서, 산이 많으니까 등등요. 하지만 이후 곰곰이 생각하면서 비교해 보니까 그런 이유가 아니라는 걸 확실히 알게 되었습니다. 그래서 새 수도 서울의 도시계획 전체를 책임졌을 때 그때 경험하고 비교하며 살펴봤던 내용들을 차례대로 적용해 나갔습니다. 물론 하늘나라에 올라가서 세계 여러 지역과 국가의 건축물에 대해 더 많이 공부하고는 그때의 제 판단이 정확했다는 것을 다시금 확인할 수 있었습니다.

경회루의 건물, 연못, 섬들이 사각형인 이유

시리 사신단으로 파견되었을 때 보았던 경험을 정말 소중하게 살리신 거네요. 단순히 사신으로서의 역할에만 충실한 것이 아니라 오고가며 보거나 만나는 하나하나를 정말 세심하게 관찰하며 자신의 지식 보고로 만드신 거네요.

삼봉 그렇게 하긴 했습니다만 그래도 안시리 아나운서가 그렇게 말해 주시니 엄청 쑥스럽네요. 감사합니다. 자, 이 정도면 경회루의 건물이 왜 높고 크게 만들어진 것인지에 대해서는 충분히 설명한 것 같고요. 그럼 다음으로 경회루의 건물 형태, 그 앞의 연못과 두 섬의 모습에 대해 생각해 보기로 하겠습니다. 궁금 씨, 경회루에 가 봤다고 했으니까 경회루의 건물이 어떤 형태인지, 그 앞의 연못과 두 섬의 모습이 어떤지 말해 주면 좋겠는데요.

궁금 예. 보긴 봤는데, 어떻게 생겼더라…….

삼봉 궁금 씨가 그런 측면에 주목하며 보진 않았던 것 같네요. 그럼 안시리 아나운서가 말해 줄 수 있나요?

시리 사각형 아닌가요? 경회루 건물과 연못은 정사각형이었고, 두 섬은 긴 직사각형이었습니다. '하늘(天)은 둥글고(圓) 땅(地)은 네모지다(方)'라는 천원지방天圓地方의 동아시아의 우주론에 따라 땅의 세계를 사각형으로 표현한 것이라고 들었습니다.

삼봉 안시리 아나운서가 잘 기억하고 있네요. 그리고 천원지방의 동아시아 우주론으로 설명하는 해설사의 이야기도 인상적으로 들었나 보군요. 그런데 저의 관점에서는 그런 설명이 반은 맞고 반은 틀렸습니다.

시리 예? 그럼 맞은 반은 무엇이고 틀린 반은 무엇인가요?

삼봉 너무 서두르지 마세요. 찬찬히 이야기해 보겠습니다. 우선 서울 도성과 전국 곳곳에 만들어진 연못의 거의 대다수가 사각형이란 사실을 혹시 아시나요? 궁금 씨, 어때요?

궁금 아니요. 모르고 있던 사실입니다. 설사 봤어도 주목하지 않아서 기억나지 않을 수도 있습니다.

삼봉 좋아요. 봤어도 주목하지 않아서 기억나지 않는다는 것이 우리나라 사람 대부분의 반응일 겁니다. 이제부터는 전국 방방곡곡을 여행하다가 우리 조선에서 만든 연못을 본다면 꼭 주목해 주길 바랍니다. 경회루의 사각형 연못이 그런 경향을 만들어 낸, 아니 무의식적으로 따라해야만 하는 모범 역할을 했습니다. 그러면 왜 사각형으로 만들었느냐…… 경복궁은 임금이 하늘의 뜻에 따라 조선이란 나라를 다스리는 땅의 중심이었으니까 안시리 아나운서가 말한 것처럼 천원지방이란 우주론을 끌어와서 사각형으로 표현한 것은 맞아요. 그런데요, 여기서 주목해야 하는 사실이 하나 있습니다. 천원지방이란 우주론은 중국 문명에서 발생하여 주변 지역으로 확산되었잖아요. 그렇기에 우리나라 사람들만 알고 있는 우주론이 아닙니다. 그런데 그 우주론에 따라 대부분의 정원 연못을 사각형으로 만든 나라는 우리 조선밖에 없어요. 혹시 의심이 된다면 중국이든 일본이든 베트남이든 좋으니 정원을 검색하여 연못의 모양을 찾아보시기 바랍니다. 간혹 발견할 수도 있겠지만 거의 대부분은 사각형이 아닐 겁니다. 그렇다면 여기서 이런 질문을 던져야 합니다. 연못을 조성할 때 왜 우리 조선에서만 천원지방의 우주론에 따라 사각형의 연못을 만든 것일까요? 안시리 아나운서 한번 생각해 볼래요?

시리 선생님이 그래서 반은 맞고 반은 틀렸다고 말씀하신 거네요. 그런데 한 번도 생각해 보지 않았던 주제라서 금방 떠오르지는 않습니다. 하늘-북악산·보현봉-경복궁의 3단계 풍경, 경회루의 자연병풍에 이어지는 이야기니까 그런 것과 관련이 있을 것 같은데요. 확실하게 말씀드리기는 어렵습니다.

삼봉 안시리 아나운서가 잘 짚었어요. 경회루와 연못, 섬의 사각형 모습은 하늘-북악산·보현봉-경복궁의 3단계 풍경으로부터 시작되어 경회루에서 보았던 자연병풍을 거쳐 연속적으로 나타난 현상이에요. 눈을 통해 획득된 시각 정보는 항상 비교를 통해 상대적으로 인식되잖아요. 경회루의 정원을 구성할 때도 그런 원리를 적용시킬 수밖에 없지 않았겠어요? 그런데 경회루의 정원에서 휴식을 취하며 즐길 때 가장 중요한 배경이 되는 풍경은 경회루의 난간에서 바라보이는 바깥 풍경과, 경회루 안에 앉았을 때 뒤쪽이나 앞쪽의 문틀에 들어가 있는 자연병풍이었잖아요. 두 풍경은 그 자체만으로도 멋지지만 그것을 더욱 빛나고 멋지게 보이려면 경회루 전체의 모습, 그 앞의 연못과 섬의 모양은 되도록 단순하게 만들 필요가 있었습니다. 경회루, 연못, 두 개의 섬에 나타난 사각형 모양은 바로 단순함을 표현한 겁니다. 그러한 단순함을 의미 있게 담아내기 위해 동아시아의 여러 나라 정원에서는 거의 적용하지 않는 천원지방의 우주론을 끌어온 거죠. 안시리 아나운서가 핵심적인 이유는 말하지 않고 현상적인 것만 말했기 때문에, 제가 반은 맞고 반은 틀렸다고 말한 겁니다.

시리   좀 쑥스럽습니다만 소나기는 일단 피하고 싶습니다. 솔직히 말해서 천원지방 이야기는 제가 만든 것이 아니니까 선생님의 평가는 제가 아니라 우리나라 정원 연구 전체에 대한 평가라고 들어야 할 것 같습니다. 그런데 선생님, 시간이 벌써 다 되었는데요. 새 수도 서울의 도시계획에 대한 이야기는 아직 경복궁도 벗어나지 못하고 있습니다.

삼봉 제가 좀 말이 길었죠? 하늘나라에서 이승의 세계를 쭉 관찰해 왔는데요. 제가 주도했던 새 수도 서울의 도시계획에 대한 제대로 된 이해나 연구를 본 적이 없습니다. 그래서 하나하나 자세하게 설명하려다 보니까 시간이 금방 가 버렸네요. 시청자 여러분들이 이해해 주실 것을 부탁드립니다.

시리 경회루 이야기를 끝으로 '역사 인물 환생 인터뷰 서울편'의 두 번째 시간을 마치도록 하겠습니다. 늦은 시간까지 시청해 주신 시청자 여러분 감사합니다. 오늘 참석한 궁금 씨와 열 분의 청중, 그리고 오늘의 주인공이신 정도전 선생님께 특히 감사드립니다. 다음 주에 뵙겠습니다. 감사합니다. 안녕히 계십시오.

3부

임금의 권위를 담고 있는 산, '하늘산'이 만든 서울 도시 풍경들

시리 시청자 여러분, 안녕하십니까. 역사 방송 아나운서 안시리 인사드립니다. 지난주 정도전 선생님을 두 번째로 모시고 새 수도 서울의 도시계획 이야기를 시작했습니다. 서울 도시계획의 모델이 개성이었다는 점, 개성에는 없던 『주례고공기』의 원칙 일부를 첨가했던 점을 알게 되었고요. 또 '임금의 권위가 살아 있는 풍경의 연출'이란 원리가 적용된 하늘−북악산·보현봉−경복궁의 3단계 풍경과 그로부터 비롯된 경회루 문틀의 자연병풍, 경회루 건물과 연못과 섬의 사각형 모습에 담겨 있는 의미에 대한 설명을 들을 수 있었습니다. 오늘도 이야기의 주인공 정도전 선생님을 모시겠습니다. 선생님, 어서 나오십시오. 모두 열렬한 환영의 박수 부탁드립니다.

삼봉 안녕하세요~ 정도전 인사드립니다. 반갑습니다. 그리고 고맙습니다. 3회 출연을 하다 보니까 이 스튜디오가 상당히 익숙해졌네요. 오늘도 흥미로운 이야기 잘 전달해 드릴 수 있도록 노력하겠습니다.

하늘-궁궐이 아닌 하늘-산-궁궐의 풍경이 상징하는 것

시리 본격적으로 '역사 인물 환생 인터뷰 서울편' 3부를 시작하겠습니다. 궁금 씨, 오늘도 첫 질문의 포문 잘 열어 주십시오.

궁금 시청자 여러분, 안녕하세요. 역사도우미 개그맨 궁금 인사드립니다. 지난주 선생님은 우리나라 건축물 대부분의 화려함 문제를 살펴볼 수 있는 두 곳을 경복궁에서 더 소개해 주고 싶다고 하셨는데요. 그 중의 한 곳으로 경회루 이야기만 해주시고 끝났습니다. 그래서 첫 질문으로 다른 한 곳은 어디인지 여쭙니다.

삼봉 다른 한 곳은 어디였느냐 하면요. 바로 경복궁 가장 뒤쪽에 있는 향원정 정원입니다. 이 정원의 조영 원리는 경회루 정원과 같기 때문에 간단하게 정리해 드리도록 하겠습니다.

시리 향원정 정원이 경회루 정원과 조영 원리가 같다고요? 선생님, 경회루는 엄청나게 큰 건물이고 향원정은 정말 작고 귀엽던데요. 그런데도 조영 원리가 같다고 말씀하시니까 선뜻 이해가 가지 않습니다.

삼봉 그럴 거예요. 구체적으로만 보면 경회루와 향원정은 크기에서 엄청난 차이가 있고, 모양도 경회루는 사각형, 향원정은 육각형이니 당연히 달라 보일 수밖에 없다는 점을 저도 충분히 인정합니다. 하지만 일상생활로부터 벗어나 깔끔하고 아기자기한 풍경을 배경으로 휴식을 취하는 정원의 조영 원리라는 차원에서는 거의 같아요. 향원정 정원은 흥선대원군이 경복궁을 재건하던 1867년부터 1873년 사이에 만들어진 것이지만, 제가 경복궁을 만들 때도 비슷한 정원이 그곳에 있었기 때문에 설명 드리려고 합니다. 먼저 향원정 정원의 사진을 한번 보실까요? 궁금 씨, 저 사진 속의 향원정 정원과 지난주에 봤던 경회루 정원의 공통점에 대해 말해 보실래요?

궁금 예? 음…… 저에게는 연못이 사각형이란 공통점밖에 안 보이는데요?

삼봉 정확한 사각형이 아니라 모서리가 둥글게 처리된 사각형이죠. 큰 틀에서 보면 사각형이고요. 가운데의 섬은 원형입니다. '하늘은 둥글고 땅은 네모지다'는 천원지방의 우주론을 정확하게 적용한 거죠. 따라서 사각형의

향원정과 연못. 멀리 인왕산이 보인다.

연못은 땅의 세계, 원형의 섬은 하늘의 세계를 상징합
니다. 하지만 이런 천원지방의 우주론을 빌려 와 담아
낸 우리나라 연못과 섬의 특징은 단순함이라고 지난주
에 말했잖아요. 그렇다면 향원정 안에 앉아서 바라보는
풍경은 어떤 풍경이었을까요? 이번엔 안시리 아나운서
가 말씀해 주시겠어요?

시리 음…… 경회루의 문틀 안에 있었던 풍경과 같은 건가
요?

삼봉 예. 비록 경회루보다 향원정의 크기가 엄청 작지만 문 틀로 보이는 풍경은 비슷했습니다. 원래 향원정의 바로 주변에는 지금처럼 나무들이 무성하게 자라서 북악산 과 인왕산의 풍경을 가리면 안 돼요.

시리 경회루 정원의 조성 원리에 대해 지난주에 들었기 때 문에 향원정 정원의 조성 원리도 쉽게 이해가 갑니다. 그런데 선생님, 하나만 여쭙고 싶습니다. 경회루와 비 교하여 향원정은 왜 저렇게 작게 만든 건가요?

삼봉 경회루는 임금이 신하들 또는 외국 사신들과 연회를 베풀기 위해, 향원정은 임금과 그 가족들이 휴식을 취 하기 위해 만들었다는 점이 규모에서 큰 차이가 났던 이유입니다. 여기서 특별히 주목할 점은 임금과 그 가 족들만 이용할 수 있도록 향원정을 만들었다는 것인데 요. 이것이 섬의 모양과 관련이 있습니다. 향원정이 들 어선 섬의 모양은 원형이잖아요. 천원지방사상에서 원 은 하늘의 세계를 가리킵니다. 향원정은 하늘과 가장 가까운 존재인 임금과 그 가족들만 이용할 수 있는 정 자라는 것을 원형의 섬으로 상징한 겁니다. 실제로 그 렇게만 이용되었는지는 모르겠지만 만들 때는 그런 의미를 담아 만들었죠.

시리 선생님, 경복궁 안에서 하늘의 상징이 처음 등장하는데
요?

삼봉 경복궁 안에서는 그랬죠. 처음으로 하늘이 등장을 했는
데요. 이왕 이렇게 된 것 경복궁이 하늘과 어떻게 연결
관계를 갖고 있는지 그 이야기를 한 번 더 해 볼까 합니
다. 우선 근정전에 가 보시면 천장에 용龍의 그림이 그
려져 있어요. 동아시아에서 용은 하늘과 땅의 세계를
연결하는 존재, 즉 임금을 가리키죠. 그래서 임금의 얼
굴을 용안龍顔, 임금의 옷을 용포龍袍라고 했습니다. 또
한 우리 주상 전하의 손자이신 세종 임금님의 명을 받
아 지은 조선 건국신화의 이야기를 '용이 날아올라 하
늘에 이르는 노래'란 뜻의 용비어천가龍飛御天歌라고 했
잖아요. 그런데 지금 생각해 보니 처음에 보여 드렸던
하늘-북악산·보현봉-경복궁의 풍경에서 하늘을 넣었
던 의미를 말하지 않았던 것 같습니다.

궁금 아~ 저도 그냥 무심코 지나쳤는데, 거기에도 하늘이
있었네요?

삼봉 임금을 정점으로 불평등한 신분적 위계질서가 유지되

었던 전통사회에서 하늘은 자연과 인간사회의 질서를 만들어 냈고 임금은 하늘의 뜻에 따라 이 세상을 다스리는 존재였죠. 그런데 유럽에서는 근대의 평등사회가 시작되면서부터 하늘이 사라졌습니다. 처음에는 하늘이 불평등한 신분적 위계질서를 만들어 낸 것이 아니라 모든 사람들에게 태어날 때부터 평등한 권리를 주었다는 천부인권天賦人權 사상으로 바뀌었다가, 평등사회가 완성되고 나니까 굳이 인간의 평등함을 합리화하는데 하늘에 기댈 필요가 없게 되었습니다. 민주사회에서 살고 있는 여러분들도 평등한 권리를 하늘이 주었다고 보지는 않잖아요. 그저 생명이 잉태되었을 때부터 갖고 있는 본성이라고 여기죠. 그래서 자연과 인간세계를 창조하고 움직이는 힘의 근원으로서 '하늘'이란 개념은 근대와 현대 철학에서 완전히 퇴출되었고, 자연의 한 구성 요소로만 취급되었습니다. 하늘-북악산·보현봉-경복궁의 풍경에서 우리가 하늘을 주목하지 못한 것도 그것 때문인데요. 하지만 전통사회에서는 자연과 인간세계를 창조하고 움직이는 힘의 근원이었던 하늘이 모든 상징에서 항상 최고의 존재로 들어가 있어야 합니다. 따라서 하늘-북악산·보현봉-경복궁의 풍경에서 하늘을 놓치면 안 됩니다.

시리 선생님, 전통문명권의 다른 국가에서도 하늘은 임금이나 종교 지도자의 권위 표현에 꼭 들어가 있어야 했던 것 아닌가요?

삼봉 당연하죠. 그 점에서는 서양이든 동양이든 이슬람권이든 아프리카든 아메리카든 어디나 예외가 있을 수 없죠. 우리 조선과 달리 종교가 큰 힘을 발휘하던 지역에서는 교황 같은 신의 대리인이 중간에 끼는 경우가 있었지만, 임금의 권위가 궁극적으로 하늘의 뜻과 연결된다는 점에서는 차이가 없었습니다. 그런 의미가 궁궐 건축물의 풍경에도 당연히 상징화되어 있어야 했는데요. 우리 조선과 달리 크고 웅장하며 화려한 궁궐의 건축물을 지었던 세계 모든 지역에서는 하늘-궁궐이라는 2단계 풍경으로 담았습니다. 3단계 풍경은 우리나라에서만 볼 수 있지만 2단계 풍경은 세계 어디에서나 볼 수 있으니까 군이 사례를 들어 드릴 필요도 없다고 봅니다. 지난주 하늘-산-궁궐의 3단계 풍경에서 산이 풍수의 주산主山이고, 수도 서울의 도성에서 주산은 국가를 다스리는 주인, 즉 임금의 권위를 담고 있는 최고의 상징이라고 말씀드린 기억이 납니다. 저는 그런 의미에서 풍수의 주산은 그냥 산이 아니라 하늘과 임금이 거주하는 궁궐을 연결시켜 임금의 권위를 담고 있는 산, 즉 하늘산이란 용어를 사용합니다.

시리 하늘산, 이름이 멋진데요?

삼봉 저처럼 풍수사상을 종교적 신앙으로 믿고 있지 않는 사람이라면 풍수의 용어에 담겨 있는 의미를 재해석하고, 그런 재해석에 적합한 용어를 다시 만들 필요가 있다고 봅니다. 그래야 그 의미가 쉽게 전달되거든요.

왜, 세종대로사거리-시청-숭례문의 도로가 없었나요?

시리 무슨 말씀인지 알겠습니다. 선생님, 그러면 이제 '임금의 권위가 살아 있는 풍경의 연출'이란 원리의 관점에서 경복궁의 이야기는 다 끝난 건가요?

삼봉 3단계 풍경 자체만이라면 다 끝난 겁니다. 하지만 3단계 풍경의 의미를 더 강렬하게 체험할 수 있도록 만든 요소까지 포함한다면 아직 끝나지 않았습니다. 아직도

갈 길이 멉니다.

시리 3단계 풍경의 의미를 더 강렬하게 체험할 수 있도록 만든 요소라고요? 그게 뭔가요?

삼봉 제가 보여 드렸던 하늘-북악산·보현봉-경복궁의 3단계 풍경은 지금의 세종대로사거리 약간 북쪽에서 찍은 사진입니다. 원래는 세종대로사거리에서 촬영해야 하지만 이순신 장군의 동상이 방해를 해서 그 뒤쪽으로 가서 촬영할 수밖에 없었어요. 만약 세종대로사거리에서 찍었으면 북악산·보현봉의 크기가 더 크게 나왔을 겁니다. 지금 세종대로사거리에서 서울시청을 거쳐 숭례문까지 이어지는 세종대로는 저의 도시계획에서는 없던 것이에요. 세종대로는 일제강점기인 1912년에 착공하여 만들어진 도로입니다. 제가 계획했던 도성 안의 간선도로망은 우리 조선에서는 변하지 않고 그대로 이어졌는데, 옛날 서울 고지도를 통해 보여 드리겠습니다. 자, 다음 쪽 지도를 봐 주시죠.

궁금 선생님, 진짜 세종대로사거리에서 서울시청을 거쳐 숭례문에 이르는 길이 없네요. 서울 도성의 정문인 숭례문을 거쳐 경복궁까지 가장 빨리 가는 길이 그 길인데,

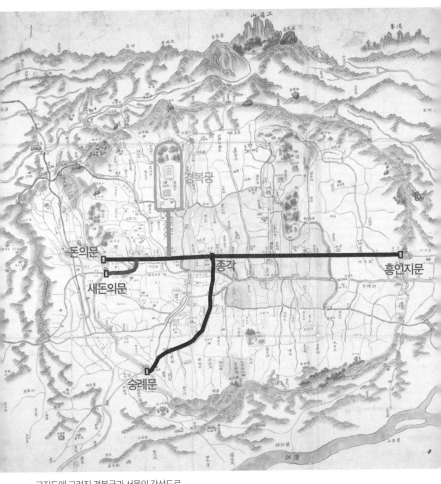

경복궁

돈의문

새돈의문

종각

흥인지문

숭례문

고지도에 그려진 경복궁과 서울의 간선도로

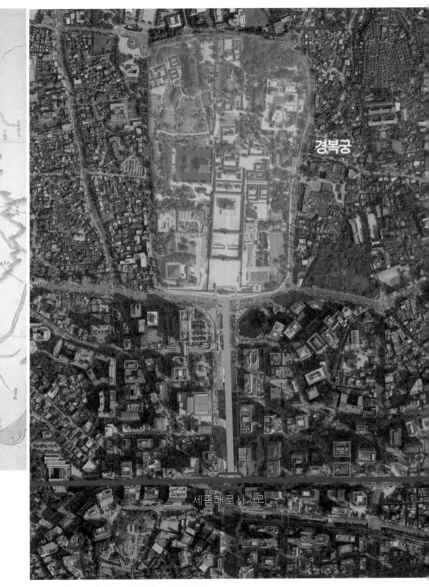

경복궁

세종대로사거리

경복궁의 광화문과 연결된 육조거리 (녹색선)

왜 만들지 않은 건가요?

삼봉 빨리 간다는 관점에서 바라보면 도대체 이해할 수 없
는 도로 구조일 겁니다. 하지만 여기서 꼭 알고 넘어가
야 할 것이 있는데요. 전통시대 수도의 간선도로망 도
시계획에서 빨리 간다는 것은 첫 번째가 아니라 두 번
째로 적용되는 원칙이었습니다. 그러면 첫 번째로 적용
된 원칙은 무엇이었느냐 하면요. '임금의 권위가 살아
있는 풍경'의 시각적 체험을 극대화시키는 것입니다.

궁금 선생님, 그러면 세종대로사거리에서 서울시청을 거쳐
숭례문에 이르는 길이 있었다면 '임금의 권위가 살아
있는 풍경'의 시각적 체험이 극대화되지 않는다는 말
씀이네요?

삼봉 예, 맞아요.

궁금 선생님께서 맞다고 말씀하시는 것만 듣고는 확 다가오
지는 않습니다. 안시리 아나운서는 어때요?

시리 저도 궁금 씨와 마찬가지입니다. 선생님, 더 구체적으
로 설명해 주실 수 있나요?

삼봉 알았어요. 말만 듣고는 그냥 저의 주장일 수 있다고 생
각하는 것, 충분히 이해해요. 자, 그럼 설명해 드릴 텐

데요. 그에 앞서 질문 하나 드릴게요. 안시리 아나운서가 광화문광장을 여러 번 가 봤다고 했는데요. 조금이라도 관심을 갖고 관찰해 봤다면 쉽게 대답할 수 있을 겁니다. 먼저 저번에 보았던 하늘-북악산·보현봉-경복궁의 3단계 풍경 사진을 다시 띄워 주시죠. 자, 질문 드립니다. 세종대로사거리에서 광화문으로 가까이 갈수록 저 3단계 풍경 사진 속의 북악산·보현봉과 경복궁(광화문) 두 개의 이미지 중에서 상대적으로 어느 것이 더 커지고 어느 것이 더 작아질 것 같나요?

시리 예? 제가 여러 번 가 본 건 사실인데요. 그런 관점에서 관찰해 본 적이 없어서요. 혹시 산이 더 커지는 것 아닌가요? 아휴, 대답을 하긴 했지만 자신은 없습니다.

삼봉 제가 하늘나라에 온 서울 사람들을 대상으로 여러 번 시험해 본 질문인데요. 안시리 아나운서처럼 대답하는 분이 80퍼센트는 되었던 것 같습니다. 여기서 궁금 씨의 생각도 듣고 싶은데요. 궁금 씨, 어떨 것 같아요?

궁금 저도 안시리 아나운서처럼 생각했는데요, 자신은 없습니다. 정답이 정말 궁금하니 빨리 말씀해 주세요.

삼봉 알겠어요. 말로 하는 것보다 사진으로 보여 드리는 것이 훨씬 확실할 겁니다. 옆쪽의 사진을 보세요.

시리 선생님, 북악산이 큰 사진도 있고, 중간 크기의 사진도 있고, 없어진 사진도 있네요. 무슨 의미인가요?

삼봉 밑에서부터 첫 번째 사진은 세종대로사거리에서, 두 번째 사진은 세종대로사거리와 광화문의 3분의 1 지점에서, 세 번째 사진은 세종대로사거리와 광화문의 3분의 2 지점에서, 네 번째 사진은 광화문 앞 10미터 전에서 찍은 사진입니다. 자, 어떤가요? 광화문으로 다가갈수록 북악산의 이미지는 작아지고 광화문의 이미지는 점점 더 커지죠? 그러다가 광화문 앞에 서면 북악산의 이미지는 아예 사라져 버립니다.

시리 와~ 사진을 순서대로 보니까 무슨 말씀인지 쉽게 이해됩니다. 우리의 예상과는 전혀 반대의 결과네요. 누구나 세종대로사거리에서 광화문까지 광화문광장을 걸어가면서 관심을 갖고 보면 쉽게 확인할 수 있는 것이었다고 생각합니다. 그런데 선생님, 저 풍경의 변화가 세종대로사거리에서 서울시청을 거쳐 숭례문에 이르

세종대로사거리에서 광화문까지 이동하면서 보는 북악산과 광화문 풍경. 아래에서부터
세종대로사거리 ⋯ 3분의 1 지점 ⋯ 3분의 2 지점 ⋯ 광화문 10미터 앞 ➡

는 길을 만들지 않은 것과 연관이 있다는 말씀인가요?

삼봉 맞아요. 같은 원리로 생각해 보세요. 세종대로사거리에서 숭례문으로 가면서 보면 저 3단계 풍경 사진 속의 북악산·보현봉과 광화문 두 개의 이미지 중에서 상대적으로 어느 것이 더 커지고 어느 것이 더 작아질 것 같나요? 궁금 씨, 한번 대답해 보시죠.

궁금 반대로 생각하면 북악산·보현봉의 이미지는 커지고 광화문의 이미지는 더 작아지겠죠?

삼봉 맞아요. 쉽죠? 세종대로사거리에서 경복궁을 바라봤을 때 웅장해 보였던 북악산의 이미지가 광화문 앞으로 다가갈수록 생각했던 것보다 더 빠르게 작아졌고, 광화문의 이미지는 더 빠르게 커졌잖아요. 반대로 세종대로사거리에서 숭례문 쪽으로 멀어질수록 북악산·보현봉의 이미지는 생각했던 것보다 더 빠르게 커지고, 광화문의 이미지는 더 빠르게 작아져요. 서울시청 앞에서만 봐도 북악산·보현봉은 엄청나게 거대해지고, 광화문은 진짜 콩알만 하게 보입니다. 아무리 북악산·보현봉이 하늘산으로서 임금의 권위를 상징한다고 해도 실제로 우리 주상 전하가 살면서 국가를 통치하는 곳은 경복궁이잖아요. 그런데 그 경복궁의 광화문이 백성들에게 콩알만 하게 보인다면 임금의 위신이 서겠습니까? 그러면 안 되겠죠?

시리 무슨 말씀인지 알겠습니다. 선생님께서는 하늘-북악산·보현봉-경복궁의 3단계 풍경에서 세 요소의 가장 적절한 비율이 세종대로사거리에서 본 이미지 속에 있는 것으로 판단하신 거네요?

삼봉 바로 그거에요. 저는 그 비율이 되어야 북악산·보현봉이 웅장하게 보이면서도 경복궁도 초라하게 보이지 않는다고 판단했습니다. 그래서 세종대로사거리에 오기까지는 하늘-북악산·보현봉-경복궁의 3단계 풍경을 아무도 보지 못하게 만든 겁니다. 저는 광화문의 위치를 먼저 정하고 나서 광화문을 기준으로 남쪽으로 뻗은 육조거리의 끝을 정했습니다. 그때 지금 여러분이 보고 계신, 세종대로사거리에서 바라본 하늘-북악산·보현봉-경복궁의 3단계 풍경에 담겨 있는 세 요소의 비율을 제 머릿속에 그리고는 그것으로 기준을 삼았습니다. 어떠세요?

궁금 그렇게까지 치밀한 계획을 세우셨던 것인지 미처 상상하지 못했습니다. 선생님, 대단하십니다. 어떻게 그렇게 창의적으로 생각하셨는지 놀라운데요?

삼봉 창의적이긴요. 그렇지 않아요. 제가 새 수도 서울의 도시계획 모델이 이미 있었다고 했잖아요.

궁금 그럼 개성에도 저런 원리가 적용되었다는 건가요?

삼봉 당연하죠. 그 원리를 제가 어디서 보고 생각했겠어요? 개성이란 모델이 없었더라도 생각해 낼 수는 있었겠지만 그게 쉽지는 않았을 겁니다. 다만 큰 틀에서의 원리는 같더라도 구체적인 측면에서는 조금 다른 게 있어요. 전 그걸 알고 있지만 '역사 인물 환생 인터뷰' 제작진에서 개성은 따로 준비하고 있다고 했으니까 그 이야기는 그때 초대된 사람에게 들으면 될 겁니다.

시리 나중에 개성 인터뷰가 엄청 기대됩니다. 어쨌든 그 이야기는 그때 듣기로 하고요. 경복궁에서 남쪽으로 뻗은 육조거리의 끝을 정하고 나서 동서의 간선도로는 어떤 원칙으로 만들어 나갔나요?

삼봉 원칙이요? 그런 건 특별히 없어요. 우리 조선에서 제작한 서울 지도에 잘 나타나 있듯이 동서의 직선도로는 제가 정한 세종대로사거리에서 동서로 직선으로 그어

계획하면 되니까 쉬운 겁니다. 그리고 숭례문에서 종로 1가사거리까지 이어진 지금의 남대문로도 당연히 제가 계획한 것인데요. 종로1가사거리의 위치는 종묘의 위치를 정하고 나서 잡았어요. 종묘의 위치를 왜 그곳에 잡았는지는 조금 이따가 이야기할게요. 세종대로사거리와 종묘 사이의 동서대로 정 가운데를 잡아서 연결한 것이 지금의 남대문로예요. 이렇게 간선도로를 잡고 나면 남대문인 숭례문으로 들어오든, 동대문인 흥인지문으로 들어오든, 서대문인 돈의문으로 들어오든 세종대로사거리에 도착하여 북쪽을 보기까지는 하늘-북악산·보현봉-경복궁의 3단계 풍경을 절대 볼 수 없습니다. 따라서 숭례문, 흥인지문, 돈의문 어느 문으로 들어와도 하늘-북악산·보현봉-경복궁의 3단계 풍경은 갑자기 나타나는 깜짝쇼의 연출이 되는 것이죠. 이로 인해 그 속에 담겨 있는 '임금의 권위가 살아 있는 풍경'에 대한 시각적 체험은 극대화됩니다.

시리 선생님의 말씀을 들으면 들을수록 도시계획을 참 치밀하게 만드셨다는 생각을 지울 수가 없습니다. 새 수도 서울은 완전한 계획도시네요.

삼봉 당연하죠. 하늘나라에서 보니까 우리나라 연구자들 거의 대부분이 다른 나라의 전통수도는 다 치밀한 계획 아래 만들어진 반면에 서울은 산이란 자연지형 때문에 치밀한 계획성이 떨어지는 도시로 보고 있더라고요. 새 수도 서울의 도시계획을 담당했던 사람으로서 참 안타깝기도 했고, 다른 나라의 도시계획에만 사로잡혀 우리나라의 도시계획을 이해하고 있지 못한 모습에 참 웃기도 많이 웃었습니다. 이 얘기는 맨 마지막에 다시 하도록 하겠습니다.

궁금 선생님, 궁금한 것이 하나 생겼습니다.

삼봉 뭔데요?

궁금 중요한 건 아닌 것 같은데요. 숭례문에서 종로1가사거리까지의 도로를 직선으로 만들지 않고 곡선으로 빙 돌아가게 만든 것도 선생님이 계획하신 건가요?

삼봉 아, 궁금 씨가 잘 지적해 줬습니다. 제가 계획한 것 맞아요. 세종대로사거리에 도착하기까지는 하늘-북악산·보현봉-경복궁의 3단계 풍경이 전혀 보이지 않아야 시각적 체험을 극대화시킬 수 있다고 했잖아요? 그러기 위해서는 숭례문을 들어설 때 아예 북악산·보현봉

쪽으로 눈길을 향하지 못하도록 하는 장치가 필요했습니다. 흥인지문과 돈의문을 연결한 동서대로야 정면을 응시하면 북악산·보현봉 쪽으로 눈길이 향하진 않지만, 남대문인 숭례문을 통과하면 그래도 북악산·보현봉 쪽으로 눈길이 향할 가능성이 있더라고요. 그래서 숭례문을 통과할 때는 최대한 동쪽으로 눈길이 향하도록 거의 동쪽 방향으로 가다가, 북쪽으로 꺾도록 계획했습니다. 그리고 직선으로 가다가 직각으로 꺾게 만들면 마치 두 개의 도로가 교차하는 느낌이 들 것 같아서 꺾어지는 부분을 부드러운 곡선으로 처리했습니다. 아마 이런 식의 남북도로가 있는 경우는 전 세계에서 우리 서울밖에 없을 겁니다.

시리 정말 선생님의 치밀한 계획성은 할 말을 잃게 만드네요. 대단하십니다.

삼봉 너무 칭찬하지 마세요. 기본 원리는 최초의 풍수도시 개성을 연구하면서 알아낸 것들이니까요. 저야 이미 모델이 있었으니 그래도 쉬웠지만 최초의 풍수도시 개성을 만든 사람은 진짜 창조해야 하는 것이었으니까 그분에게 들을 때 칭찬 많이 해 주세요.

시리 그래도…… 어쨌든 알겠습니다. 혹시 간선도로와 관련
하여 더 해 주시고 싶은 말씀이 있나요?

삼봉 아, 잊고 있었던 것이 하나 있네요. 제가 세종대로사거
리를 기준으로 동서의 직선도로를 계획하다 보니까 돈
의문이 서쪽 산줄기 중에서 너무 높은 곳에 위치하게
되더라고요. 처음에는 모두들 그냥 넘어갔는데, 나중에
는 그 돈의문을 통해 도성을 오가던 사람들 사이에 불
만이 제기되었습니다. 너무 높아서 불편하니 좀 더 낮
은 위치로 돈의문을 옮겨 달라는 것이었죠. 그래서 세
종 임금님께서 그런 불만을 받아들여 좀 낮은 곳으로
돈의문을 옮겼습니다. 동서대로가 서쪽을 향해 직선으
로 가다가 지금의 서울역사박물관 앞에서 서남쪽으로
휘어지는데, 바로 그런 이유 때문입니다. 새 돈의문이
만들어지자 사람들은 그 문을 새로 만든 문이란 뜻으
로 '새문'이라고 불렀습니다. 그런데 돈의문을 옮긴 이
유가 기존의 돈의문터에 풍수적으로 문제가 있어서라
는 소문이 돌더라고요. 하늘나라에서 그런 소문을 듣고
참 어이가 없었지만, 한편으로는 이해가 갔습니다. 풍
수가 문화유전자로 자리 잡고 있던 당시 상황에서 중

요한 터를 옮긴다는 것은 그 진짜 이유가 무엇이든 풍수로 포장되어야 사람들을 설득시킬 수 있었으니까요.

시리 풍수적으로 문제가 있어서 터를 옮겼다는 기록이나 소문이 서울과 우리나라의 여기저기에 꽤 있는 것으로 알고 있는데요. 그럴 때 참조해야 하는 이야기인 것 같습니다. 선생님, 그러면 경복궁과 간선도로의 이야기는 이제 끝난 건가요? 그 다음 이야기는 어디로 가는 건가요?

근정전 터, 회랑, 인왕산과 안산에 깔린 시각 체험 효과

삼봉 아직 안 끝났습니다.

시리 예? 저는 다 끝난 것으로 여겨지는데요?

삼봉 이해해요. 간단한 것이지만 하나 더 설명해야 할 것이 있습니다. 제가 새 수도 서울의 도시계획을 세울 때 최초로 잡은 지점은 경복궁의 근정전터라고 했잖아요.

시리 아, 잊고 있었습니다. 그런데 선생님, 근정전터를 어떤 원리로 잡았다고 하셨죠?

삼봉 '임금의 권위가 살아 있는 풍경의 연출'이란 원리로 잡

았다고 했었죠. 하지만 그걸 설명하기가 어려워서 세종
대로사거리에서 바라본 3단계 풍경부터 시작한 것입니
다. 근정전터를 잡을 때 제가 그 3단계 풍경을 이미 머
릿속에 그리고 있었다는 것, 이젠 다들 이해하실 거라
고 봅니다. 근정전터를 잡은 다음에 세 개의 문을 근정
전 앞쪽에 만들어야 했습니다. 저는 근정전의 높이도
월대 2층에 22미터 정도로 이미 계산하고 있었고, 그런
높이의 근정전이 초라하게 보이지 않으려면 세 개의
문을 어떤 간격으로 세워야 하는지도 다 계획했습니
다. 그렇게 해서 광화문 자리가 정해진 건데요. 그 다음
부터는 지금까지 들은 그대로입니다. 그런데 이 세 개
의 문도 '임금의 권위가 살아 있는 풍경의 연출'이란 원
리의 관점에서 시각적 체험을 극대화시키는 장치라는
것도 알려 드리고 싶네요.

궁금 예? 세 개의 문도 시각적 체험을 더욱 극화시키는 장치
라고요? 저는 그냥 조선이 명나라에 사대하면서 제후
의 나라를 자처하여 세 개로 만들었다는 정도로만 알
고 있었는데⋯⋯.

삼봉 그건 맞아요. 다들 거기까지만 알고 있더라고요. 광화

문-홍례문-근정문 세 개의 문을 차례로 지난 후에 갑자기 나타나는 근정전의 웅장함이나 장엄함은, 광화문 한 개의 문을 지나자마자 나타나는 근정전의 모습보다 훨씬 더 극대화된 느낌으로 다가옵니다. 이것은 경복궁에만 해당되는 원리는 아니고요. 여러 개의 문을 통과해야 가장 권위 있는 건축물을 만나게 만든 구조는 다른 나라 궁궐에서도 다 적용되었던 원리입니다. 예를 들어 여러분들이 북경 자금성을 갔을 때 태화전의 웅장함에 깜짝 놀란 것도 천안문天安門-단문端門-오문午門-태화문太和門을 차례로 지난 후에 갑자기 나타났기 때문에 더욱 극적으로 느껴진 겁니다.

시리 그런 거였군요. '임금의 권위가 살아 있는 풍경의 연출'이 꼭 하늘-북악산·보현봉-경복궁의 3단계 풍경에만 있는 것이 아니라 하늘-근정전의 2단계 풍경에도 있는 것이네요.

삼봉 하늘-근정전의 2단계 풍경이라고요? 아, 맞아요. 그런 표현은 제가 써 본 적이 없는 건데, 안시리 아나운서의 말을 들으니 앞으로는 써도 되겠는 걸요? 괜찮죠?

시리 아, 예. 괜찮습니다.

◄ 아래에서 위로, 광화문에 들어가자마자 본 모습 (아래) ⋯ 흥례문에 들어가서 바로 본 모습 (중간) ⋯ 근정문에 들어가서 바로 본 근정전의 모습 (위)

흥례문 (아래), 근정문 (위)

삼봉 안시리 아나운서, 고맙습니다. 멋진 표현이 생겨서 좋네요. 대신 시각적 체험을 더욱 극화시키기 위해 만든 장치를 하나 더 알려 드리겠습니다. 감사한 마음에 드리는 보너스입니다.

시리 하하하! 선생님, 농담을 재미있게 하십니다. 원래 알려 주려고 준비해 놓으셨던 것이면서요.

삼봉 맞아요. 어쨌든 마지막 하나의 장치는 근정전을 사방으로 둘러싼 회랑回廊입니다. ㄱ 회랑은 근정문을 통과한 사람의 눈길을 근정전으로만 초점을 맞추게 하는 역할을 하고 있어요.

궁금 근정전에만 눈길을 가게 하는 역할이라고요? 음……근정전에 몇 번 가 봤지만, 그런 관점으로 본 적은 없는 것 같아요.

삼봉 대부분의 사람들이 그럴 거예요. 사방으로 둘러쳐진 회랑이 있을 때와 없을 때를 상정하여 비교하면서 생각해 보세요. 사방으로 둘러쳐진 회랑의 담장이 없다면 근정전만 달랑 있는 격이 되죠. 그렇다면 여러분들의 눈길이 근정전에 집중적으로 맞추어지기가 쉽지 않을 겁니다. 이런 원리도 근정전에만 적용되는 것이 아니라 자금성의 태화전을 비롯하여 다른 나라의 궁궐에서도 흔하게 적용되었던 원리입니다. 물론 궁궐만이 아니라 사찰이나 수도원, 이슬람교 사원 등 권위를 표현해야 하는 종교 건물에서도 대부분 적용됩니다.

시리 진짜 새 수도 서울의 도성은 '임금의 권위가 살아 있는 풍경의 연출'이란 원리의 관점에서 시각적 체험을 극대화시키는 장치로 가득 차 있네요. 선생님의 말씀을 계속 듣다 보면 그런 장치가 또 있을 것 같은 느낌이 듭니다. 혹시 또 있나요?

삼봉 괜히 죄송하네요. 끝날 것 같으면서도 언제 끝날지 모르게 만들어서요.

시리 괜찮습니다, 선생님. 우리들이 모르거나 잘못 알고 있는 역사 이야기를 제대로 알고자 하는 것이 '역사 인물 환생 인터뷰' 프로그램의 목적이니까요. 혹시 더 있나요?

삼봉 예, 진짜 마지막으로 하나 더 있습니다. 이번에는 도성 안이 아니라 밖에서 봤을 때 알 수 있는 장치입니다.

시리 밖에서 바라봤을 때요? 그게 뭔가요?

삼봉 풍수에서는 주산-좌청룡-우백호-안산의 산과 산줄기로 둘러싸인 지형을 최고의 명당터로 여기잖아요. 여기서 주산이 '임금의 권위가 살아 있는 풍경의 연출'이란 원리에서 어떤 의미를 갖고 있는지는 이미 말한 그대로고요. 그렇다면 좌청룡-우백호-안산의 산과 산줄기도 어떤 의미를 갖고 있지 않을까요? 이렇게 묻는다는 것은 당연히 어떤 의미를 갖고 있다는 소린데요. 궁금씨가 한번 어떤 의미인지 말씀해 보실래요?

궁금 너무 어려운 질문을 저에게 하시네요. 제가 예습한 바로는 풍수에서는 '기氣가 바람을 타면 흩어지고 물을 만나면 멈춘다.'고 말한다는데요. 이 말에 입각하면 주산-좌청룡-우백호-안산의 산과 산줄기로 둘러싸인 지형은 기가 흩어지지 않고 모이게 하는 데 최적입니다. 그런데 지금까지 들은 선생님의 이야기에 따르면 그런 논리는 풍수를 종교적 신앙으로 믿고 있는 사람들에게나 통하는 것일 뿐 허망한 것이라고 말씀하실 것 같습니다. 저도 그런 선생님의 생각에 동의하는데요. 풍수에서 말하는 것과 다른 어떤 이유가 있을 것 같기는 한데…… 잘 떠오르지가 않습니다. 그냥 말씀해 주시면 감사하겠습니다.

삼봉 제가 괜히 궁금 씨를 난처하게 만들었네요. 그래요, 제가 말씀드리죠. 궁금 씨가 말했듯이 저는 풍수에서 말하는 논리를 다 허망한 것이라고 생각하는 사람입니다. 그래서 도성에 적용된 풍수의 여러 용어를 '임금의 권위가 살아 있는 풍경의 연출'이란 원리의 관점에서 다시 해석하여 제시하였죠. 주산-좌청룡-우백호-안산의 산과 산줄기에서 좌청룡-우백호-안산의 산과 산줄기가 하는 역할을 알기 위해서는 세종대로사거리에 서기까지 하늘-북악산·보현봉-경복궁의 3단계 풍경을 철저하게 보지 못하도록 도성의 간선도로를 계획했다는 점을 떠올리면 좋겠습니다. 경복궁의 여러 건축물이 다른 문명권 국가의 궁궐에 비해서 상대적으로 높지도 웅장하지도 않다고 하더라도 조선과 서울의 도성 안에서는 가장 높고 웅장하잖아요. 만약 북악산이란 주산만 있고 좌청룡-우백호-안산의 산과 산줄기가 없는 평지였다면 멀리서 바라봤을 때 어땠을지 상상해 보시기 바랍니다. 멀리서도 하늘-북악산·보현봉-경복궁의 3단계 풍경이 보이게 됩니다. 그런데 광화문에서 멀어질수록 하늘-북악산·보현봉-경복궁의 3단계 풍경에

시청 앞 도로에서 바라본 하늘-북악산·보현봉-경복궁 3단계 풍경

서 북악산·보현봉은 빠르게 커지면서 경복궁은 빠르게 작아진다고 앞서 말했었죠. 만약 도성 밖 멀리서 바라본다면 경복궁은 엄청나게 크고 웅장한 북악산 밑에 콩알은커녕 깨알보다도 작은 점으로 보일 겁니다. 그래서야 경복궁에 거처하며 국가를 통치하는 임금의 위신이 서겠습니까? 그러면 안 되겠죠? 좌청룡-우백호-안산의 산과 산줄기는 도성 밖에서 하늘-북악산·보현봉-경복궁(즉, 광화문)의 3단계 풍경을 절대로 보지 못하게 만드는 차단막 역할을 하는 겁니다. 여기서는 제가 도성에 적용된 풍수의 좌청룡-우백호-안산의 역할에 대해서만 말씀드립니다만, 풍수의 논리가 적용된 다른 삶터나 무덤에도 이런 차단막 역할은 같습니다. 다만 그 부분에 대해서는 '역사 인물 환생 인터뷰' 제작팀에서 다른 분을 모시고 설명을 듣는 자리를 마련할 것이라고 생각하기에 저는 새 수도 서울의 도시계획이란 차원에서만 말씀드리는 겁니다.

시리 들고 나니 이해가 가지만, 듣기 전에는 전혀 상상도 안 되는 이야기였습니다. 그래서 중간에 우리들에게 질문하는 형식을 취하지 않고 길게 말씀하신 것이군요. 저는 솔직히 많이 놀랐습니다. 풍수의 논리나 용어 대부분에서 신비한 것을 벗겨 내고 시각적 차원에서 다시 해석해 내면 실제적으로 갖고 있는 의미와 역할이 있다는 것을 알게 되었습니다. 다시 말씀드리지만 너무 놀랐습니다.

종묘와 사직단에 적용된 3단계 원칙

삼봉 안시리 아나운서가 저의 처지를 잘 이해해 주고 제 이야기를 잘 정리해 주셔서 정말 고맙습니다. 아마 대부분의 분들에게는 새로운 이야기라서 당혹스러울 수도 있을 텐데요. 새 수도 서울의 도시계획을 책임졌던 저의 해석임에도 받아들이기 어려운 분들은 그냥 들어보는 선에서 그쳐도 됩니다.

시리 선생님의 해석은 새로운 해석을 넘어 혁명적인 해석입니다. 혁명적인 해석이 곧바로 모든 사람들에게 받아들여지는 경우는 역사에서 거의 없었습니다. 선생님의 혁명적 해석에 대해 다양한 반응을 미리 예상하고 계실 텐데요. 그런 반응들에 대해 유연하게 사고하고 계시는 것 같아 다행입니다.

삼봉 하하하! 위로해 주셔서 고맙습니다.

시리 위로가 아니고, 공감입니다.

삼봉 알겠습니다. 이제부터는 궁궐 다음으로 중요한 공간이 었던 종묘, 그리고 그 다음으로 중요했던 사직단의 위 치를 어떻게 잡았는지 이야기해 드리려고 합니다. 이 미 앞에서 '임금의 조상(祖)에게 제사 지내는 종묘는 궁 궐의 왼쪽(左)에, 토지신과 곡식신에게 제사 지내는 사 직단(社)은 궁궐의 오른쪽(右)에 만든다'는 좌조우사左祖 右社의 『주례고공기』 원칙이 개성에서는 지켜지지 않았 다고 말씀드렸었죠. 새 수도 서울의 도시계획에서는 불 교의 국가 고려와 다른 유교의 국가 조선이라는 이념 을 새겨 넣기 위해 꼭 지켜야 했습니다.

궁금 선생님, 제가 미리 예습을 해 온 것이 있는데요. 명나 라와 청나라의 수도였던 북경에서는 종묘(태묘)와 사직 단이 궁궐인 자금성 안에 있더라고요. 또한 천안문-단 문-오문-태화문-태화전을 잇는 남북 직선의 축을 중 심으로 정확하게 좌우대칭으로 만들어져 있던데요. 새 수도 서울의 도시계획에서도 똑같이 적용되었나요? 혹시 참조가 될 수 있을 것 같아서 자금성 지도를 준비해 왔습니다. 자, 옆의 도판을 보세요.

삼봉 궁금 씨가 예습에, 지도까지 준비해 오셨다니 놀랍네요. 그렇다면 서울의 도성 안에서 종묘와 사직단이 어디에 있는지도 예습해 왔을 것 같은데, 맞나요?

궁금 예. 예습해 오긴 했는데, 그 부분에 대해서는 선생님께서 직접 말씀해 주셨으면 합니다.

삼봉 왜 그러죠?

궁금 좀 당황스러웠거든요. 종묘와 사직단이 경복궁 궁궐 안에 있지도 않았고, 광화문에서 남쪽을 향해 직선으로 뻗은 육조거리를 중심으로 정확하게 좌우대칭을 한 것도 아니었습니다. 기존의 연구에서는 서울의 지형 때문에 그랬던 것으로 말하던데, 지금까지 선생님의 말씀을 듣고 나니까 그렇지 않았을 것 같더라고요. 그래서 괜히 제가 먼저 말씀드리는 것보다 아예 선생님이 먼저 이야기해 주시는 것이 더 낫다고 판단했습니다.

삼봉 궁금 씨의 입장 충분히 이해합니다. 그래도 궁금 씨가 예습해 온 내용을 들으니까 제가 이야기하기가 한층 수월해지네요. 우리 조선에서 그린 서울 지도를 다시

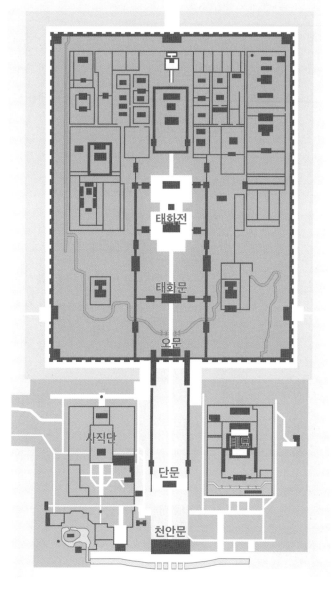

태화전

태화문

오문

단문

사직단

천안문

한번 보여 주시겠어요?

시리 선생님. 저 지도를 보니까 궁금 씨 말대로 종묘와 사직단이 경복궁 안에 있지도 않고, 육조거리를 중심으로 정확한 좌우대칭도 아니네요. 종묘와 사직단의 위치도 선생님께서 잡으신 것 맞죠?

삼봉 당연히 맞죠.

시리 그러면 왜 저 위치에 잡으신 건가요?

삼봉 풍수 때문이에요. 풍수가 문화유전자로 자리 잡은 당시에는 궁궐뿐만 아니라 종묘와 사직단의 터를 잡을 때도 풍수의 명당논리를 벗어나면 난리가 나는 세상이었어요. 그러니 저도 풍수의 명당논리를 벗어나서 잡을 수는 없었는데요. 그렇더라도 제가 상지관의 이야기에 휘둘리지는 않았겠죠?

시리 그렇다면 종묘와 사직단의 위치를 잡을 때도 독특한 원리가 적용되었다는 의미인가요?

삼봉 당연하죠. 다만 종묘와 사직단에만 적용되는 새로운 원리를 개발한 것이 아니라 세종대로사거리에서 바라보이던 3단계 풍경의 원리를 똑같이 적용시켰습니다. 좌조우사左祖右社에서 왼쪽(左)과 오른쪽(右)의 방향은 궁

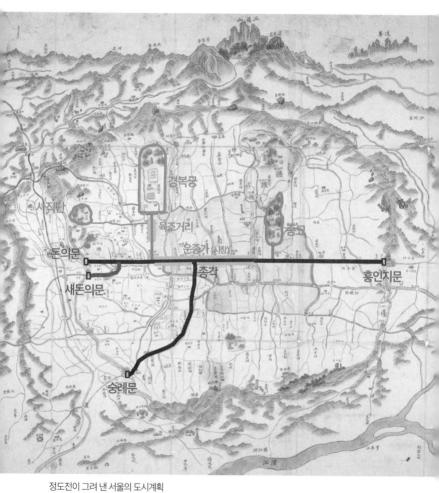

정도전이 그려 낸 서울의 도시계획

궐에서 정면을 바라보았을 때를 기준으로 합니다. 따라서 육조거리를 중심으로 왼쪽(동)에서 하늘-산-종묘의 3단계 풍경이 구현되는 위치를, 오른쪽(서)에서 하늘-산-사직단의 3단계 풍경이 만들어지는 위치를 찾았죠. 그 결과가 바로 저 지도에 표시된 곳입니다.

궁금 그러면 저 지도에서 종묘와 사직단으로 연결된 도로에서 바라보면 하늘-산-종묘와 하늘-산-사직단의 3단계 풍경이 나타난다는 건가요?

삼봉 궁금 씨가 이제는 서울의 도시계획 박사가 다 되셨네요. 맞아요, 바로 그겁니다. 먼저 종묘부터 말씀드릴게요. 종묘 정전正殿의 구체적인 위치와 방향은 상지관의 의견을 그대로 받아들였는데요. 다만 진입로의 방향만은 하늘-산-종묘의 3단계 풍경이 구현될 수 있도록 제가 잡았습니다. 종묘 앞의 동서대로에 서면 하늘-보현봉-종묘(정문)의 3단계 풍경이 정말 멋지게 펼쳐져요. 말로 하면 잘 떠오르지 않을 수도 있어서 사진을 준비했습니다. 한번 보시죠.

궁금 와~ 진짜 멋지네요. 혹시 저 보현봉이 세종대로사거리에서 북악산 뒤로 보였던 그 보현봉 맞나요?

삼봉 궁금 씨의 관찰력이 정말 좋아졌네요. 그 보현봉 맞아
      요. 세종대로사거리에서 바라본 3단계 풍경에서 경복
      궁의 광화문-홍례문-근정문-근정전의 축과 남북으로
      일직선상에 있는 산은 북악산이 아니라 보현봉인데요.
      경복궁에서 동쪽으로 많이 떨어진 종묘에서 똑같은 보
      현봉을 통해 하늘-보현봉-종묘(정문)의 3단계 풍경을
      만들어 내려면 무슨 일이 벌어지겠습니까?

시리 혹시 직선 축의 방향이 남북이 아니라 약간 서북북-동
      남남 방향으로 비스듬하게 된 것 아닌가요?

삼봉 와~ 이걸 맞힐지는 몰랐는데요? 안시리 아나운서의 관
      찰력도 진짜 좋아졌네요. 바로 그겁니다. 서울 고지도
      에서는 직선 축의 방향이 마치 남북인 것처럼 착각하
      게 그려져 있는데요. 현대 지도에서 보면 그렇지 않아
      요. 이것도 말로 하면 이해하기 어려울 수도 있을 것 같
      아 종묘의 위치와 진입로의 방향을 제대로 알 수 있는
      현대 지도를 준비해 봤습니다. 다음 쪽를 한번 보시죠.

🔄 아래에서 위로, 종로 대로 ⋯▸ 2분의 1 지점 ⋯▸ 10미터 앞에서 본 종묘 정문

종묘 현대 지도

시리   말씀드리면서 혹시나 했는데요, 진짜 맞히니까 신기합
　　　　니다. 그렇다면 사직단의 3단계 풍경에서도 비슷한 현
　　　　상이 나타났나요?

삼봉   그렇진 않습니다. 우선 사직단에 구현된 3단계 풍경의
　　　　사진을 먼저 보실 수 있도록 준비해 봤습니다. 옆쪽의
　　　　사진들을 봐 주시죠.

시리   사직단 뒤쪽의 산이 보현봉은 아니네요?

아래에서 위로, 주한중국문화원 앞 ⋯ 2분
의1지점 ⋯ 사직단 정문 앞 횡단보도

삼봉 예, 인왕산입니다. 그런데 이제는 다들 놀라지도 않네요. 하하하! 어쨌든 하늘-산-사직단의 3단계 풍경이 구현된 곳을 정말 어렵게 찾았는데, 그곳이 서울 고지도에 표시된 사직단의 위치입니다. 그런데 그렇게 찾은 곳에서 하늘-인왕산-사직단의 3단계 풍경을 구현하려면 진입로의 방향이 서북-동남 축이어야 했고요, 3단계 풍경 세 요소의 비율이 적절하게 보이는 지점도 굉장히 짧더라고요. 육조거리에서 서쪽으로 진입로를 만들었는데, 3단계 풍경 세 요소의 비율이 적절하게 보이는 지점까지는 그 풍경을 볼 수 없도록 했습니다. 이것은 말로 하면 더욱 이해하기 어려울 것이기 때문에 종묘에서처럼 사직단의 위치와 진입로의 방향을 제대로 알 수 있는 현대 지도를 준비해 봤습니다. 한번 보시죠.

궁금 선생님, 정말로 육조거리에서 서쪽으로 진입로가 만들어져 있네요. 저 진입로가 옛날부터 있던 진입로와 같은 건가요?

삼봉 예, 맞아요. 같은 거예요. 진입로의 방향을 잘 관찰해 보시면 육조거리에서 주한중국문화원까지는 사직단이 보이지 않게 되어 있습니다. 3단계 풍경 세 요소의 비

광화문에서 사직단 입구로 진입하는 현대 지도.

율이 적절하게 보이는 지점이 바로 주한중국문화원 앞
이었기 때문인데요. 앞에서 보여 드렸던 하늘-인왕산-
사직단의 3단계 풍경의 사진이 주한중국문화원 앞의
도로 가운데서 촬영한 겁니다.

궁금 제가 사직단도 두 번 가 봤는데, 저 3단계 풍경은 본 적
이 없습니다. 지금 와서 생각해 보니까 저 진입로를 걸
어가지 않았으니 당연히 볼 수 없던 거였네요. 서울의
궁궐, 종묘, 사직단 모두 건물 그 자체가 아니라 진입로
에서 바라보이는 풍경 속에 임금의 권위를 표현했는데
그걸 모르니까 여러 번 갔다 왔다고 하더라도 그 풍경
을 볼 수 없었던 거네요.

시리 선생님, 저도 종묘와 사직단 모두 가 봤는데요. 궁금씨와 마찬가지로 3단계 풍경을 본 적이 없습니다. 아휴…… 반성이 많이 됩니다.

삼봉 그렇게까지 자책할 필요는 없어요. 하늘나라에서 보니까 그 3단계 풍경을 발견하고 그 풍경 속에 담긴 의미를 파악해 낸 사람은 한 명도 없더라고요. 그러니 여러분들이라고 알 수 있는 방법이 있었을 리가 없죠. 물론 이제는 새 수도 서울의 도시계획을 책임졌던 저에게서 다 들었으니 앞으로 제가 알려준 대로 다시 한번 답사를 해 보시기 바랍니다. 진입로를 걸어가면 누구나 볼 수 있게 만들어 놨으니까 다들 쉽게 보실 수 있을 겁니다.

시리 예, 꼭 다시 답사해 보겠습니다. 이제 선생님이 정하셨던 새 수도 서울의 도시계획 이야기 주제로 관청과 시장 두 개만 남은 것 같은데, 혹시 맞나요?

삼봉 예, 맞아요. 이제 끝이 보입니다.

관청은 앞에, 시장은 뒤에 있어야 하는데?

시리 선생님, 관청과 시장을 어디에 배치하셨는지는 누구나 잘 알고 있는 것 같은데요. 거기에도 배치의 원리가 있었나요?

삼봉 관청과 시장을 배치할 때 참고한 것은 '관청(朝)은 궁궐의 앞쪽(面)에, 시장(市)은 궁궐의 뒤쪽(後)에 둔다'는 『주례고공기』의 면조후시面朝後市의 원칙이었습니다. 먼저 '관청은 궁궐의 앞쪽에 둔다'는 면조面朝의 원칙부터 말씀드릴게요. 관청은 임금의 명을 받아서 국가의 중요 사무를 보는 기관이었기 때문에 궁궐의 앞쪽에 둔다는 것은 상식적으로 생각할 때 당연한 것처럼 여겨지잖아요. 그런데 개성에서는 관청이 궁궐이 있었던 만월대의 앞쪽(남)에 있지 않고 왼쪽(동)에 있었어요. 왜 그렇게 되었느냐에 대해서는 '역사 인물 환생 인터뷰' 제작팀에서 다른 분을 초청하여 듣게 될 것이니까 제가 말하지는 않겠습니다. 어쨌든 새 수도 서울의 도시계획에서 관청의 위치를 『주례고공기』의 원칙에 따라서 궁궐의 앞쪽에 두었던 것은 그 당시에는 개성과 달라지는 것이었기 때문에 혁신을 담은 것이었습니다. 그곳이 어디냐 하면, 우리 조선에서 제작한 서울 지도에 잘 나와 있듯이 육조거리의 좌우입니다. 제가 정했던 관청의 위치와 똑같지는 않지만 서울 지도에는 육조거리의 왼쪽(동)에 의정부를 필두로 하여 이조吏曹·호조戶曹·기로소耆老所 등이, 오른쪽(서)에 예조禮曹·중추부中樞府·사헌부司憲府·병조兵曹·형조刑曹·공조工曹 등이 배치되어 있습니다.

시리 제가 생각해 봐도 관청을 궁궐의 앞쪽에 배치했다는 것은 상식적인 것 같아서 별로 놀랍지는 않습니다. 오히려 개성에서는 왜 궁궐의 오른쪽(동)에 배치했는지 그게 더 신기하고, 그래서 그 이유를 듣고 싶기는 한데요. 선생님의 말씀대로 우리 제작팀에서 다른 분을 초청하여 듣는 시간을 마련한다고 하니 여기서는 그냥 넘어가도록 하겠습니다. 그럼 이제 마지막으로 시장의 배치에 대해 이야기하실 차례네요.

삼봉 먼저 『주례고공기』에서는 시장을 왜 궁궐의 뒤쪽에 둔다는 원칙을 세웠는지 그것부터 말씀드릴게요. 시장은 수도에 사는 사람들이 먹고 살던 물자를 조달하는 공간이고, 이 시장을 드나드는 사람들의 대부분은 하층민들이었습니다. 관리나 양반들이 일상생활에서 가장 많은 물자를 소비한다는 것은 상식이지만, 필요한 물자를

북경의 시장인 종루 (북경도성삼가육시오단팔묘전도
北京都城三街六市五壇八廟全圖 부분)

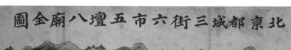

北京都城三街六市五壇八廟全圖

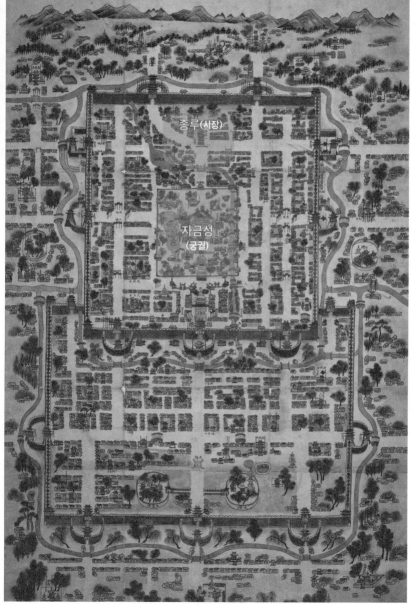

종루(시장)

자금성
(궁궐)

사기 위해 직접 시장에 가지는 않았겠죠? 대부분 노비들을 시켜서 사 오게 했습니다. 시장은 도시에서 꼭 필요한 것이지만 하층민들이 주로 모이는 공간, 심하게 말하면 질이 낮은 공간이었기 때문에 궁궐을 오가는 사람들의 통로인 앞쪽에 둘 수는 없었습니다. 그래서 『주례고공기』에서는 '관청은 궁궐의 앞쪽에, 시장은 궁궐의 뒤쪽에 둔다'는 면조후시의 원칙을 만든 겁니다. 명나라와 청나라의 수도였던 북경에도 시장이 궁궐이었던 자금성의 뒤쪽(북)에 있었습니다.

궁금 선생님, 그러면 새 수도 서울의 도시계획에서도 궁궐의 뒤쪽에 시장을 배치하면 간단하게 끝나는 일 아니었을까요?

삼봉 궁금 씨, 너무 성급하게 생각하면 안 돼요. 아무리 『주례고공기』의 원칙을 따르는 것이 우리 조선을 유교의 국가로 세상에 각인시키는 좋은 방법이라고 하더라도 상황과 조건을 검토하면서 그대로 따를 것인지, 아니면 변화를 줄 것인지 판단을 해야 합니다. 종묘와 사직단의 경우도 좌조우사左祖右社라는 큰 틀에서는 『주례고공기』의 원칙을 따랐지만, 풍수가 문화유전자로 자리 잡은 우리 조선의 상황을 고려하여 궁궐 안에 좌우대칭으로 배치하는 원리에는 변화를 주었잖아요. 제가 가장 경계를 했던 것이 무조건 따르는 교조주의자였습니다. 저는 유교의 국가로서 우리 조선이 나아가야 할 방향을 잡으면서도 상황과 조건을 면밀하게 검토하여 적용시키는 실용주의자였습니다.

궁금 지금까지 이야기해 주신 모든 내용이 교조주의자와는 아주 거리가 먼 진정한 실용주의자의 면모를 잘 보여 주고 계십니다. 시장에 대해서도 마찬가지의 모습을 보여 주실 것이라 충분히 예상하고 있었는데요. 그래도 제가 역사도우미의 역할을 해야 하니까 일부러 반대로 여쭈어 본 것이었습니다.

삼봉 아, 그랬나요? 제가 궁금 씨의 말을 너무 성급하게 판단했네요. 미안합니다. '원숭이도 나무에서 떨어진다'는 속담을 저에게도 적용해 주시면 감사하겠습니다.

궁금 예, 선생님도 나무에서 떨어질 수 있다고 생각하겠습니다. 하하하!

삼봉 궁금 씨, 고맙습니다. 그러면 이야기를 계속하겠습니다. 『주례고공기』에서는 완전 평지를 상정하고 도시를 정사각형으로, 그 안에서 궁궐도 한가운데에 정사각형으로 만드는 것을 모범으로 삼았습니다. 이때 하늘과 직접 연결된 공간은 임금이 사는 궁궐이었어요. 정면에서 바라보면 하늘-궁궐의 2단계 풍경 속에 임금의 권위를 담아냈죠. 이런 구조 속에서 도시 전체에서 궁궐의 뒤쪽(북) 공간을 마련할 수 있게 되었습니다. 바로 그곳에 백성의 공간인 시장을 위치시킨 겁니다. 하지만 새 수도 서울의 도성 안에서는 그게 불가능했죠.

시리 왜 불가능한지 이제는 저도 알 것 같습니다.

삼봉 그래요? 이젠 우물 안을 벗어난 지 오래된 개구리의 눈으로 안시리 아나운서가 한번 설명해 보실래요?

시리 그렇다고 제가 어떻게…….

삼봉 안시리 아나운서, 뭐가 어때서요? 한번 해 보세요.

시리 그럼 한번 해 보겠습니다. 서울의 도성 안에서는 하늘-북악산·보현봉-경복궁의 3단계 풍경을 통해 임금의 권위를 표현하였는데요. 이 구도에서 경복궁의 뒤쪽은 하늘산인 북악산·보현봉과 연결되는 신성한 공간이 됩니다. 이렇게 신성한 공간에 백성의 공간인 시장을 위치시킨다는 것은 있을 수가 없는 일이죠. 그래서 『주례고공기』의 후시後市 원칙은 적용될 수 없었다고 봅니다.

삼봉 너무나 훌륭하게 설명했습니다. 제가 했어도 똑같이 설명했을 겁니다. 결국『주례고공기』의 후시 원칙을 서울의 도성 안에 적용시키지 않은 것은 지형 때문이 아니라 풍경 속에 임금의 권위를 표현하는 방법이『주례고공기』에서 제시한 방법과는 달랐기 때문입니다.

시리 지형이란 조건에 수동적으로 이루어진 것이 아니라 능동적인 선택의 결과라는 것이네요?

삼봉 맞아요. 바로 그겁니다. 어쨌든『주례고공기』의 후시 원칙은 적용시킬 수 없게 되었더라도 도시 안의 어딘가에는 시장을 위치시켜야 되잖아요. 제가 봐도 백성의 공간인 시장을 궁궐의 바로 앞쪽에 위치시킬 수는 없었습니다. 그래서 궁궐에서 바라보이지 않으면서도 백성들이 다가가기 쉬운 곳을 찾았는데요. 그곳이 바로 동서대로와 남북대로가 만나는 종로1가사거리를 중심으로 한 종로거리였습니다. 옛날에는 운종가雲從街라고 불렀습니다.

시리 그래서 종로거리가 서울의 도성 안에서 가장 번화한 거리가 된 거네요.

삼봉 그렇습니다.

보편을 따르면서도 독특하다

시리 선생님, 혹시 시장 말고도 더 해 주실 이야기가 있을까
     요?

삼봉 아니요, 없습니다. 시장을 끝으로 새 수도 서울의 도성
     안에 대한 도시계획 이야기는 끝이 났습니다. 지금까지
     사흘에 걸친 저의 이야기를 들으신 분들은 1394년 9월
     9일 새수도궁궐조성특별위원회에서 그려 우리 주상 전
     하께 보고한 서울의 지도가 어떤 내용으로 채워져 있
     었을지 충분히 상상하실 수 있지 않을까 합니다. 안시
     리 아나운서, 어떤가요?

시리 저에게 그려 보라고 해도 그릴 수 있을 것 같습니다.

삼봉 궁금 씨는요?

궁금 저도 그릴 수 있을 것 같습니다.

삼봉 하하하! 두 분이 그렇게 말씀해 주시니까 하늘나라에
     서 환생하여 이 프로그램에 출연한 보람이 있네요. 그
     러면 하나 더 묻겠습니다. 새 수도 서울은 철저한 계획

도신가요? 아니면 계획도시이긴 하지만 다른 나라의 계획도시에 비해 계획성이 약한 계획도시인가요? 이번에도 안시리 아나운서가 대답해 주실래요?

시리   아휴, 지금까지 선생님께서 얼마나 고심하여 도시계획을 세워 나갔는지를 들었던 사람이라면 새 수도 서울을 철저한 계획도시라고 분명하게 말할 것입니다.

삼봉   궁금 씨는요?

궁금   하하하! 당연히 철저한 계획도시죠.

삼봉   사흘 동안 저의 이야기를 들으신 분들은 우리 조선의 수도 서울이 철저한 계획도시임을 잊지 마십시오. 지형 때문에 계획성이 떨어진다느니 자연과 조화를 이루었다느니 이런 이상한 말씀을 하시면 안 됩니다. 그리고 혹시라도 오해하실 분이 있을까 봐 드리고 싶은 말이 있습니다. 우리 서울만 철저한 계획도시였던 것은 아닙니다. 전통시대 세계 모든 문명권, 모든 나라의 수도는 다 철저한 계획도시였습니다. 다만 계획의 방법이 달랐을 뿐입니다. 우리 조선의 새 수도 서울은 임금의 권위를 표현해야 하는 세계적인 보편성을 잘 담고 있으면서도 형태나 구조, 상징 방법에서는 세계의 어떤 지역에서도 찾아볼 수 없는 독특함을 갖고 있는 세계의 위대한 문화유산입니다.

시리 우리 '역사 인물 환생 인터뷰 서울편' 1, 2, 3부를 시청해 주신 모든 시청자분들께서 선생님의 말씀이 무슨 뜻인지 충분히 이해하실 것이라 생각합니다. 저도 명심하도록 하겠습니다.

삼봉 하늘나라에 있으면서 제가 추진했던 새 수도 서울의 도시계획을 너무나 잘못 이해하고 있는 이승의 현실을 보면서 정말 많이 답답했습니다. 그 답답함을 충분히 풀 수 있는 기회를 주셔서 진심으로 감사드립니다. 덕분에 이승 구경도 잘 하고 있습니다.

시리 선생님, 저희들이 더 감사하고 즐거웠습니다. 이 기회에 이승 구경도 잘 하고 계시다니 다행입니다. 오늘도 늦은 밤까지 시청해 주신 시청자 여러분, 그리고 궁금씨와 열 분의 청중, 열띤 강연 해 주신 정도전 선생님, 정말 감사합니다. 다음 주에도 많은 시청 부탁드리며, 편안한 밤 되십시오.

4부

산을 품은 도시,
서울은
'유교 나라' 조선의
수도였다

시리 시청자 여러분, 안녕하십니까. 역사 방송 아나운서 안시리 인사드립니다. 지난주 정도전 선생님을 세 번째로 모시고 서울의 간선도로망, 종묘와 사직단 그리고 관청과 시장의 위치에 대한 도시계획 이야기를 들어 보았습니다. 오늘도 얼마나 흥미진진한 이야기를 해 주실지 기대하면서 주인공 정도전 선생님을 모시겠습니다. 모두 환영의 박수 열렬하게 부탁드립니다.

삼봉 안녕하세요. 마지막 출연에 가까워지고 있는 것 같아서 벌써 아쉬운 마음이 들고 있는 정도전 인사드립니다. 오늘도 저에게 맡겨진 이야기 잘 할 수 있도록 노력하겠습니다.

1년만에 궁궐과 종묘를 완성하다

시리 끝까지 최선을 다해 주시겠다는 선생님의 말씀, 정말 감사드립니다. 그럼 '역사 인물 환생 인터뷰 서울편' 네 번째 시간을 본격적으로 시작하도록 하겠습니다. 궁금 씨, 오늘도 첫 질문의 포문 잘 열어 주십시오.

궁금 시청자 여러분, 안녕하세요. 역사도우미 궁금 인사드립니다. 선생님, 지난주에 끝나고 나서 생각해 보니까 도성 안의 도시계획에 대해 끝마무리 없이 지나간 것 같아 좀 아쉬웠습니다. 그래서 첫 질문으로 선생님께서 세웠던 도시계획이 그 이후 어떻게 진행되었는지 알고 싶어 여쭙니다.

삼봉 그렇지 않아도 지난주에 숙소로 돌아가 '도시계획 이야기를 시작해 놓고는 끝마무리를 하지 않았구나!' 하는 생각에 '아차!' 했습니다. 궁금 씨가 첫 질문 정말 잘해 주셨습니다. 고맙습니다.

궁금 선생님, 저랑 생각이 같으셨던 거네요?

삼봉 예, 맞아요. 다시 한번 감사드립니다.

궁금 1394년 9월 9일 지도까지 그려서 도성 안의 도시계획에 대해 태조 임금님께 보고를 드렸잖아요. 태조 임금님께서는 곧바로 OK를 하셨나요?

삼봉 하하하! OK요? 갑자기 요즘 용어를 쓰니까 놀라서 움찔해지네요. 어쨌든 바로 OK를 하셨습니다. 번갯불에 콩 볶아 먹듯이 빠르게 진행된 과정을 다시 한번 정리해 볼까요? 서울로의 천도에 대한 주상 전하의 의지를 꺾을 수 없다고 판단한 8월 13일에 서울로의 천도를 잠정적으로 결정했고, 24일에는 도평의사사에서 천도 결의문을 올렸습니다. 9월 1일에는 새수도궁궐조성특별위원회가 구성되었고요. 9월 9일에 새 수도의 도시계획에 대해 주상 전하께 보고를 드렸더니 모든 내용을 OK 하셨습니다. 그러자 주상 전하께서는 이제 모든 백성들에게 공식적으로 선언할 수 있도록 혹시라도 있을 혼란을 방지할 수 있는 만반의 준비를 하라고 명하셨습니다. 그리고는 드디어 10월 25일에 주상 전하께서 친히 서울로의 천도를 공식적으로 선언하셨고요. 그로부터 겨우 사흘 후인 10월 28일에 거처를 개성에서 서울로 아예 옮기셨습니다.

시리 선생님, 궁금한 것이 하나 있습니다. 태조 임금님께서 10월 28일에 거처를 개성에서 서울로 옮기셨다는 이야기가 궁궐이 그때 완성되어 있다는 의미는 아니겠죠?

삼봉 궁궐의 위치를 잡은 뒤로 두 달도 채 안 되었을 땐데 완성되었을 리는 당연히 없죠. 예를 들어 임진왜란 때 불탄 경복궁을 흥선대원군이 중건할 때도 2년이 넘게 걸렸는걸요.

시리 그러면 궁궐도 없는데 태조 임금님께서는 어디에서 머물며 나랏일을 보신 건가요?

삼봉 서울의 도성 안은 원래 한양부란 고을의 중심도시였는데요. 거기에 있던 객사客舍에서 머물며 나랏일을 보셨습니다. 객사라는 건물은 가운데의 정전正殿과 양쪽으로 온돌을 갖춘 방이 있는 서헌과 동헌의 대칭구조를 이루고 있었습니다. 정전에서는 나무토막을 정성스럽게 깎아서 만든 전패殿牌 또는 궐패闕牌를 모시고 향망궐배向望闕拜, 즉 '임금님이 계시는 대궐을 상징하는 전패 또는 궐패를 향해 바라보며 절을 올리는' 충성의식을 거행하던 곳이었고요, 서헌과 동헌은 중앙에서 파견된 관리가 묵으며 고을의 여러 업무에 대해 감찰을 하던 곳이었습니다. 고을의 중심도시에서는 가장 큰 건물이 객사였죠. 그래서 우리 주상 전하가 임시로 한양부의 객사에서 머물며 나랏일을 보신 겁니다.

시리 한양부의 객사가 아무리 크다고 하더라도 궁궐에 비하면 아주 초라한 규모였을 텐데요. 서울로의 천도를 결정하고 나서 굳이 그렇게까지 서둘러서 거처까지 옮길 필요가 있었을까요?

삼봉 일반적으로는 이해가 안 되는 일이 벌어진 것 맞습니다. 그것만 봐도 당시의 상황이 얼마나 급박했는지 아시겠죠? 천도라는 것이 짧은 시간에 엄청난 돈과 인력을 들여야 하는 것이기에 충분히 준비되어 있지 않으면 사회·정치적 혼란을 야기할 수 있어 제가 그렇게나 반대했던 것 아시잖아요. 하지만 이미 결정되고 나면 일사천리로 진행되어야 여러 혼란을 최소화시킬 수 있지요. 그때 주상 전하께서 서울로의 천도에 대한 자신의 의지를 백성들에게 확실하게 보여 주시는 것이 큰 도움이 됩니다. 그래서 거처하실 곳이 마땅치 않아서 무리수인 걸 알면서도 주상 전하의 서울행을 서둘러서 강행했던 겁니다.

궁금 선생님, 혹시 태조 임금님의 급한 서울행도 선생님이 주장하신 건가요?

삼봉 역시 궁금 씨가 감각이 있네요. 맞아요. 제가 강력하게 주장하여 관철시킨 겁니다. 주상 전하께서는 서울로의 천도에 대한 의지가 아주 강하셨고, 그것을 막을 수 없다고 판단한 신하들이 찬성하게 된 것이라는 사실은 이미 말한 바 있잖아요. 하지만 그렇다고 해서 주상 전하께서 궁궐 공사가 막 시작하던 시기에 급하게 서울로 거처까지 옮길 것을 주장하지는 않으셨습니다.

궁금 왜요? 태조 임금님께서는 서울로의 천도에 대한 의지
가 아주 강하셨던 만큼 거처를 서울로 빨리 옮기자고
제일 먼저 주장해야 하는 것이 흐름상 맞지 않나요?

삼봉 궁금 씨가 천도와 관련하여 우리 신하들의 의지를 다
꺾으신 주상 전하의 모습에 상당히 인상이 깊으셨나
봅니다. 여기서 하나만 생각해 보면 좋겠습니다. 막 나
라를 세운 시점에서 과거로 돌아가지 않고 전진하기
위해서는 주상 전하의 안전이 그 무엇보다도 중요했다
는 것을요.

시리 아~ 그거였네요. 서울 한양부의 객사가 태조 임금님의
안위를 지키는 데 개성의 궁궐보다 불리했던 거군요.

삼봉 예, 바로 그거예요. 주상 전하께서는 서울로 거처를 옮
기기 싫어서가 아니라 자신의 안전이 곧 조선이란 새
로운 나라의 운명과 같다는 것을 잘 알고 계셨기 때문
에 서둘러 서울로 거처를 옮기자고 주장하지 않으신
겁니다.

시리 그러면 서둘러 거처를 옮기자는 것도 다 선생님의 주
장이었나요?

삼봉 맞아요. 제가 주상 전하와 독대하여 강력하게 주장했
     죠. 주상 전하가 처음에는 주저하시다가 제가 왜 그렇
     게 주장하는지 그 이유를 들으시고 나서는 수용하시더
     라고요.

궁금 그 이유가 뭐였는데요?

삼봉 그 이유요? 저는 주상 전하께 이렇게 말씀드렸습니다.
     "전하, 전하의 안전이 곧 우리 조선의 운명이라는 것을
     저도 잘 알고 있습니다. 다만 지금 서울로의 천도는 엄
     청난 위험을 감수하면서 감행하는 도박과 같은 것이오
     니, 까딱 잘못하다가는 사회·정치적 혼란으로 치달아
     반란이 들끓을 수 있는 상황으로 전개될지도 모릅니
     다. 그러니 전하의 안전에 조금 문제가 있을 수 있다 하
     더라도 모험을 하셔야 합니다. 전하께서 서둘러 서울로
     거처를 옮기셔서 이 천도는 무조건 완성되어야 한다는
     의지를 신하와 만백성들에게 분명하게 보여 주시고, 아
     울러 궁궐과 도시의 건설에 동원된 신하와 백성들을
     수시로 방문하시어 직접 위문해 주셔야 그들도 더욱
     믿고 따를 것입니다. 전하의 안전에 대해서는 저희들이
     최대한 강화시킬 수 있도록 하겠사오니 부디 통촉하여

주시옵소서." 이렇게요.

궁금 태조 임금님의 반응은 어떠셨나요?

삼봉 이미 말씀드렸잖아요. 서울로의 천도에 대한 공식적인 선언 사흘 후인 10월 28일에 주상 전하께서 서울의 한양부 객사로 거처를 옮기셨다고요. 저의 주장을 수긍하셨으니까 그런 일이 벌어졌겠죠?

시리 무슨 말씀인지 알겠습니다. 진짜 급박했던 상황이 지속되었던 거네요.

삼봉 당연하죠. 새 수도 서울의 건설 공사가 끝날 때까지는 긴장의 끈을 놓으면 절대 안 되는 상황이었습니다.

시리 그렇다면 궁궐은 언제 완성되었나요?

삼봉 궁궐만 완성된다고 다 되는 것은 아니었어요. 궁궐이 당연히 제일 중요했지만 주상 전하께서 임금으로 추존된 4대 선조에게 친히 제사를 지내는 종묘도 동시에 완성되어야 했습니다. 궁궐과 종묘가 완성된 것은 건설을 시작한 지 1년 정도밖에 되지 않은 1395년 9월 29일이었어요. 그런 뒤 12월 28일에 주상 전하께서 공식적으로 새 궁궐로 거처를 옮기셨습니다. 그렇게 새 수도 서울의 1차적인 건설 공사는 완성을 보게 되었습니다.

궁금 드디어 완성 이야기를 듣게 되네요? 그런데 선생님, 1
년 정도의 시간을 뭔가와 비교해서 말씀해 주셔야 그
기간이 빨랐던 것인지 느렸던 것인지 저희들에게 감이
확 올 것 같은데요.

삼봉 아까 흥선대원군이 경복궁만 중건하는 데도 2년 넘
게 걸렸다고 했잖아요. 그것과 비교해 보면 이때의 건
설 공사가 얼마나 빠르게 진행된 것인지 쉽게 이해하
실 수 있지 않나요? 게다가 흥선대원군의 경복궁 중건
공사는 경복궁만 한 것이잖아요. 그런데 이때는 궁궐
과 함께 종묘와 사직단, 육조거리의 관청 공사도 동시
에 진행되었습니다. 그것뿐이겠습니까. 대군을 비롯한
왕실과 고위 신하들의 집, 중소 관청, 종로 거리 좌우의
시전 등등도 다 건설해야 했습니다. 그러니 흥선대원군
의 경복궁 중건 공사와는 비교도 할 수 없을 정도로 엄
청난 규모의 건설 공사였겠죠? 궁궐을 비롯한 각종 공
간과 건축물의 설계도를 만들고, 기초를 다지고, 거대
한 돌과 나무를 실어 와 주춧돌과 기둥을 깎아 세우고,
흙을 개서 벽을 바르고, 기와를 구워서 지붕 위에 올리
고……. 지금 돌이켜 보면 솔직히 엄두가 나지 않습니

다. 그런데 새 수도 서울의 1차적인 건설 공사가 겨우 1년 정도밖에 안 걸려 완성되었으니 우리들이 얼마나 긴장하면서 새 수도 서울의 건설 공사를 서둘러 진행시켰는지 상상할 수 있겠죠?

시리 선생님의 말씀을 듣고 보니 진짜 엄청난 공사를 엄청나게 빠른 시간 안에 진행시켰다는 것을 실감할 수 있네요. 태조 임금님께서 서둘러 서울로 거처를 옮기셔서 신하와 백성들에게 천도 의지를 확실하게 보이지 않으셨다면, 또 태조 임금님께서 직접 공사를 독려하며 믿고 따르게 하지 않으셨다면 쉽게 이루어질 수 있는 일은 아니었다는 생각이 듭니다. 여기서 결정 과정은 신중했지만 이미 결정되고 나면 엄청난 실행 의지를 갖고 밀어붙인 선생님의 실천력에 감탄하지 않을 수 없습니다.

삼봉 아휴… 안시리 아나운서가 알아주시니 보람이 있습니다. 결국엔 성공했지만 그땐 장담할 수 없는 상황이었고, 혹시라도 문제가 생기지 않을까 노심초사하며 진두지휘했던 그 시간들이 지금 주마등처럼 지나가면서 감회가 새롭습니다.

왜 성곽짓기가 수월했죠?

시리 제가 똑같이 느낄 수는 없지만 충분히 그러실 것 같습니다. 어쨌든 그 어려운 일이 다 완성되었네요. 그러면 이젠 큰 불은 잡고 잔불들만 처리하면 되는 상황이 되었으니 이야기를 한 템포 늦추셔도 될 것 같습니다. 선생님, 몇 분이라도 좀 쉬시죠.

삼봉 아니요, 그럴 여유가 없습니다. 아직 안 끝났으니까요.

궁금 안 끝났다고요?

삼봉 예. 새 수도 서울의 건설 공사가 끝나기 위해서는 하나가 더 남았습니다.

궁금 아~ 뭔지 알겠습니다. 서울 도성의 성곽 말씀하시는 거죠?

삼봉 예, 맞아요. 서울을 방어할 수 있는 성곽이 없다면 새 수도로서 문제가 많겠죠? 1394년 11월 3일 새 수도 서울의 건설과 관련하여 제가 주도하여 도평의사사에서 주상 전하께 올린 결의문을 갖고 왔는데요. 한번 들어 보실래요?

종묘는 왕실 조상(祖宗)의 신주神主를 봉안하여 효성과 공경을 높이는 곳이고, 궁궐은 (국가의) 존엄성을 보이고 임금의 명령과 법령을 내는 곳이며, 성곽은 안팎을 엄하게 구별하고 나라를 굳게 지키려는 것으로, 이것들은 모두 나라를 세운 통치자가 가장 먼저 해야 하는 일입니다. 삼가 바라옵건대, 전하께서는 천명을 받아 새로운 나라를 열었고 많은 사람들의 기대에 부응하여 한양에 서울을 정하였으니, 만세에 한없는 왕업의 기초는 실로 여기에서부터 시작되는 것입니다. 하지만 아직 종묘를 세우지 못하였고 궁궐도 짓지 못하였으며 성곽도 쌓지 못하였으니, 이것은 서울을 존중하고 나라의 근본을 두텁게 한 것이 아니라 하겠습니다. 전하께서 비록 백성들을 소중히 여겨 (괴롭히지 않으려고 수도의) 건설 공사를 일으키려고 하지 않았으나, 이 세 가지는 모두 하지 않을 수 없는 일입니다. 마땅히 담당 관청에게 건설 공사를 감독하여 종묘와 궁궐을 짓고 도성을 쌓아서 왕실 조상에게 효성과 공경을 바치고, 신하와 백성들에게 존엄을 보이며, 또한 국가가 영구히 굳건하도록 해야 합니다. 이렇게

한 연후에야 온 나라의 큰 틀이 비로소 갖추어지고, 만세에 길이 전할 계책이 더욱 깊어질 것입니다. 삼가 아뢰옵건대, 전하께서는 이를 행하도록 하소서.

어때요? 우리들의 결의문에는 서울이 새 수도로 인정받기 위해 필요한 핵심 요소로 궁궐과 종묘 외에 성곽이 하나 더 있었습니다. 하지만 세 개를 동시에 진행시키기에는 무리가 너무 많아서 성곽은 일단 제쳐 놓고 진행시켰습니다. 주상 전하께서는 1395년 9월 29일에 궁궐과 종묘가 완성되고 나자 곧바로 서울의 도성을 둘러싼 성곽 공사를 시작하라고 명을 내리셨습니다. 다음 달인 윤9월 13일에 도성조축도감都城造築都監, 즉 수도성곽건설특별위회를 구성하였고, 저에게 성터를 정하여 건설 공사를 감독하도록 명하셨습니다. 그래서 또 엄청난 일이 시작된 거죠.

궁금 선생님, 이제 새 수도 서울의 성곽 건설에 대해 본격적으로 말씀해 주시는 거네요. 여기서 제가 질문 하나 드리겠습니다. 새 수도 서울의 성곽터를 계획하실 때 어떤 원리를 참고하셨는지 그게 궁금합니다.

삼봉 서울의 성곽터를 계획할 때 참고한 원리요? 아마 북경
처럼 완전 평지에 수도의 성곽 건설 공사를 계획했다
면 성곽터를 잡을 때 우선 성곽의 동서와 남북 폭은 얼
마인지, 다음으로 구체적으로 어디에서 시작하여 어디
까지 축조해야 하는지 등등 상당히 복잡한 과정을 거
쳐야 했을 겁니다. 하지만 서울의 성곽터를 잡아 나가
는 과정은 너무나 단순했습니다. 원리가 간단했거든요.

시리 선생님께서 지난 세 번에 걸쳐 이야기해 주신 서울 도
성 안의 도시계획은 세계의 다른 어떤 나라 수도의 도
시계획보다 더 복잡한 과정을 거쳐 이루어졌다고 봅니
다. 따라서 서울 도성의 성곽터를 계획할 때도 역시 상
당히 복잡한 과정을 거쳤을 것이라고 추정되는데요. 이
런 추정과는 전혀 다르게, 원리가 간단해서 과정이 너
무 단순했다고 말씀을 하시니까 많이 당혹스럽습니다.
어떻게 된 건가요?

삼봉 풍수의 논리에 따라 주산-좌청룡-우백호-안산의 산과
산줄기가 분명한 분지 지형에 새 수도 서울을 정하는 순
간 도시를 둘러싸면서 축조할 성곽터는 이미 정해진 겁
니다. 그러니 제가 새롭게 계획할 필요도 없었습니다.

궁금 그러면 선생님이 도시계획을 하기 전에 이미 누군가가 성곽터를 정했다는 거네요? 그런데 서울의 새 수도 결정, 새수도궁궐조성특별위원회의 구성 및 위원 임명, 서울 도성 안의 도시계획 작성 및 보고, 그리고 실질적인 건설 공사 등이 번갯불에 콩 볶아 먹듯이 빠르게 진행되었잖아요. 그런데 그 사이에 누군가 다른 사람이 성곽터를 정했다는 건가요?

삼봉 그 사이에 아무도 성곽터를 정하지 않았습니다. 풍수의 논리에 따라 서울을 새 수도로 결정하는 순간 성곽터는 그냥 저절로 정해진 것이라고 말씀드렸잖아요. 그런데 왜 안 믿으시는 거죠?

시리 곰곰이 생각해 보니, 이해할 수 있을 것 같기는 합니다.

삼봉 그래요? 그럼 한번 이야기 해 주실래요?

시리 예? 제가요?

삼봉 아무래도 안시리 아나운서가 서울 도성의 성곽터가 어떤 원리로 정해졌는지 파악한 것 같은데요. 만약 그렇다면 안시리 아나운서가 설명하면 시청자 여러분이 그 원리를 이해하고 받아들이는 데 더 도움이 될 것 같은데, 한번 해 보시죠.

시리 알겠습니다. 그럼 해 보겠습니다. 제가 생각한 바에 따르면 답이 너무 쉽고 간단해서요.

삼봉 틀려도 괜찮으니 말씀해 보세요.

시리 서울의 도성 안이 산과 산줄기로 둘러싸인 분지 지형이잖아요. 그러니까 도성 안을 둘러싼 산과 산줄기의 위를 따라서 성곽을 지으면 되는 것 아닌가요?

삼봉 안시리 아나운서께서 정말 시원하게 맞혔습니다. 성곽은 성 밖의 공격을 막아 내기 위한 기능이 첫 번째로 중요하잖아요. 당연한 것이지만 완전 평지가 아니라면 주변보다 높은 곳을 따라서 성곽을 축조하는 것이 가장 방어력이 높은 겁니다. 서울의 도성 안에서 그런 곳이 어디일까요? 안시리 아나운서가 이야기하신 대로 도성 안을 둘러싼 산과 산줄기를 따라서 성곽을 축조하면 되는 겁니다. 그러니까 풍수의 논리에 따라 새 수도 서울을 정하는 순간 성곽터가 이미 정해진 것이라고 제가 앞에서 말씀드린 겁니다.

궁금 그런 뜻이었군요. 이제 무슨 말씀인줄 알겠습니다. 산과 산줄기로 둘러싸여 있으니까 그냥 양쪽으로 경사가 있는 가운데를 쭉 따라서 성곽을 축조해 나가면 되는 거였네요?

삼봉   하하하! 큰 틀에서는 그 말이 맞아요. 하지만 세부적으로 들어가면 궁금 씨의 이야기는 조금 수정할 필요가 있겠네요. 비가 왔을 때 산줄기를 따라 물이 이쪽과 저쪽으로 나뉘어 흘러 내려가는 선을 '물(水)을 나누는 (分) 경계(界)'란 뜻으로 분수계分水界라고 합니다. 이 분수계 위에 성벽을 제대로만 쌓으면 방어력은 최고 수준입니다만, 쌓기가 어려울 뿐만 아니라 쌓았다고 하더라도 무너지기가 쉽습니다.

시리   선생님, 말씀만으로는 이해가 쉽지 않은데요? 좀 쉽게 설명해 주시면 좋을 것 같습니다.

삼봉   예, 알겠습니다. 알고 나면 무척 쉬운 건데요. 평상시에 생각해 보지 않은 분들에게는 어려울 수 있습니다. 하지만 듣고 나면 다들 '아~' 하시면서 금방 고개를 끄덕이실 겁니다. 자, 다음의 그림 한번 보시죠.

궁금   저 그림을 보니까 무슨 말씀인지 알겠습니다. 분수계 위의 1번은 쌓기도 어렵고 쌓더라도 무너지기가 쉽다는 뜻이죠? 반면에 2번처럼 한쪽 면의 흙을 퍼낸 다음에 성벽을 쌓으면 쌓기도 쉽고 쉽게 무너지지도 않는

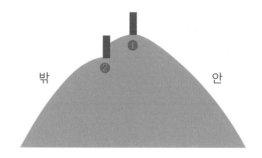

다는 의미네요.

삼봉 맞아요, 그겁니다. 산줄기를 따라 쌓는 대부분의 성곽
은 1번이 아니라 2번처럼 쌓습니다. 이건 누구나 쉽게
짐작할 수 있는 거잖아요. 어쨌든 저 원리를 알고 나면
서울을 둘러싼 산과 산줄기 위의 성곽터를 정하는 것
은 너무 쉬운 일이죠. 그런데 평지나 평지에 가까운 산
줄기에서는 좀 다릅니다.

시리 제가 봐도 다를 것 같습니다. 평지나 평지에 가까운 산
줄기에서는 파고들어 갈 더 높은 한쪽 면이 없어서 2번
처럼 쌓을 수는 없기 때문에 1번처럼 쌓을 수밖에 없겠
네요.

삼봉 안시리 아나운서가 이젠 척 보면 척 하고 맞히네요.

시리 아휴, 그렇다고 칭찬까지 해 주실 일은 아닌 것 같은데요. 원리가 너무 단순하잖아요.

삼봉   하늘나라에서 보니까 조금만 관찰해도 쉽게 설명할 수
있는 것을 너무 어렵게 써 놓은 연구서나 보고서들이
정말 많더라고요. 그렇게 어렵게 써 놓은 내용들을 생
각하면 원리가 단순해도 안시리 아나운서처럼 한눈에
척 하고 맞히기가 쉽지 않습니다. 쉬운 걸 어려운 용어
를 써 가며 어렵게 설명하는 연구자들 정말 반성 좀 많
이 했으면 좋겠습니다.

궁금   저도 예습하면서 성곽 책을 읽어 봤는데, 좀 어렵더라
고요. 저렇게 쉬운 것을…….

삼봉   그렇죠? 어쨌든 평지라면 1번처럼 쌓고는, 안쪽으로 오
르내릴 수 있는 계단을 여러 곳에 만들어 놓습니다. 서
울은 산과 산줄기로 둘러싸여 있어 평지나 평지에 가
까운 부분은 많지 않은데요. 그런 곳은 어디이고, 성곽
터를 어떻게 정했을까요? 궁금 씨가 지금 보고 있는 서
울 성곽을 중심으로 말씀해 주실 수 있나요?

궁금   예? 알겠습니다. 서울 지도를 보면요. 첫째, 청계천이
빠져나가는 동대문인 흥인지문 부분이 있고요. 둘째,
남대문 부분도 완전 평지는 아니지만 평지에 가까운

지역이라고는 말할 수 있습니다. 그리고 첫 번째 구간의 성곽터는 산줄기가 끝나는 양쪽 끝 지점을 연결하면서 찾으면 될 것 같고요. 두 번째 구간은 약하더라도 산줄기가 있을 것이기 때문에 그 산줄기를 따라서 정하면 될 것 같습니다.

삼봉　궁금 씨도 이젠 척 하면 척 하고 파악하시네요. 와우~

궁금　고맙습니다, 선생님. 안시리 아나운서가 말씀하신 것처럼 원리가 너무 단순하잖아요.

삼봉　하하하! 설명 드린 보람이 있습니다. 맞아요. 원리가 너무 단순하니까 누구든 쉽게 맞힐 거라고 봅니다.

시리　그럼 그렇게 정해진 성터를 따라 서울 성곽을 완성하는 데는 얼마나 걸렸나요? 이것도 엄청 빠르게 진행하셨나요?

삼봉　예. 당연히 엄청 빠르게 진행시켰습니다. 경상도, 전라도, 강원도, 평안도의 안주 이남, 함경도의 함흥 이남의 고을 성인 남성 118,070여 명을 징발하여 쌓게 했는데요. 대부분 농민들이었기 때문에 농번기를 피해서 겨울철인 1396년 1월과 2월 두 달에 걸쳐 진행했습니다. 천자문의 글자 순서대로 600척의 구간마다 이름을 붙여

집단마다 책임을 지게 했는데요. 북악산 동쪽에서 天(천)자로 시작하여 한 바퀴 돌아서 북악산 서쪽에서 97번째 글자인 弔(조)자로 끝났습니다. 속전속결로 끝내야 했기 때문에 공사 감독자들이 밤낮을 가리지 않고 진행하는 무리수를 두자 주상 전하께서 날씨가 매우 춥다고 하면서 밤에는 공사를 진행하지 못하게 하기도 했습니다. 지형이 험한 곳에는 15척 높이의 석성石城 19,200척을 쌓았고, 지형이 험하지 않거나 평지에는 25척 높이의 토성 40,300척을 쌓았습니다. 1척이 30센티미터 정도이니까 대략 계산이 나오죠? 정말 어려운 작업이었죠. 빨리 끝내려다 보니 석성보다 토성이 2배 이상 많았습니다.

궁금 두 달 만에 다 끝냈다고요? 와~ 제가 생각했던 것보다도 훨씬 짧은 기간에 빠르게 끝났네요.

삼봉 맞아요. 진짜 빨리 끝났죠? 하지만 부족한 점이 많아서 추수가 끝난 가을, 음력으로 따지는 겁니다. 8월 중순부터 9월까지 경상도, 전라도, 강원도에서 79,400명을 동원하여 상당수의 토성을 석성으로 바꾸었고, 무너진 곳을 수리하고 보강했습니다. 제가 감독했던 서울 성곽의 축조 공사는 전국에서 정말 많은 인원을 징발하여 정말 빠르게 진행시켰기 때문에 최선을 다했다고 하더라도, 솔직히 고백하면 부실공사도 곳곳에서 나타났습니다. 지금 되돌아보면 어느 정도의 부실을 감수하면서까지 속전속결로 끝내야 했기 때문에 힘들어하는 백성들의 모습을 보면서 겉으로는 의연한 척했지만 속으로는 엄청 미안한 마음에 괴로웠습니다. 백성들의 고통이 너무나도 컸기 때문에 그것이 혹시라도 사회·정치적 불안 요인이 되지 않을까 노심초사하면서 성곽 공사를 지켜봤는데요. 정말 다행스럽게도 큰 혼란 없이 잘 지나갔습니다. 지금 돌이켜 보면 천운天運이었습니다.

궁금 선생님, 혹시 그 이후로 또 성곽수리가 있었나요?

삼봉 제가 없을 때지만 세종 임금님이 재위하던 1422년에는 322,000명을 동원하여 토성 부분을 모두 석성으로 바꾸었고, 높이도 평지의 경우 40척 2촌으로 높였으며, 돌의 모양도 첫 번째보다 훨씬 다듬어서 많이 교체하였습니다. 여장女墻과 치성雉城도 만들었고, 인왕산 남쪽처럼 방어가 부족하다고 생각하는 곳에는 곡성曲城을 새로 만들어서 둘레가 89,610척으로 늘어났습니다. 그

이후 문종, 광해군, 숙종, 영조 임금님 때 수리를 한 것
으로 알고 있는데요. 큰 틀에서 변한 것은 아닙니다.

'유교의 도시'임을 알 수 있는 것은?

시리 서울 성곽의 건설도 진짜 빠르게 진행되었고, 이것 역
시 혹시 모를 사회·정치적 혼란을 방지하기 위한 선생
님의 속전속결 실천 의지 때문에 나타난 현상임을 이
젠 분명히 이해할 수 있게 되었습니다. 선생님, 서울 성
곽의 건설을 끝으로 이젠 새 수도 서울의 도시계획에
대한 선생님의 역할은 다 끝난 건가요?

삼봉 큰 틀에서는 끝이 났습니다. 하지만 자잘하지만 중요한
것이 몇 개 더 남아 있는데요. 여기서 질문 하나 드리고
싶은 게 있습니다. 지금까지 들었던 새 수도 서울의 도
시계획과 건설에 대한 이야기에 입각해 볼 때 서울은
중국적인 도시라고 말할 수 있나요? 안시리 아나운서
가 한번 대답해 보시겠어요?

시리 주산-좌청룡-우백호-안산이란 풍수의 명당 논리에 따
라 위치가 결정되었고 그것을 기초로 도시가 만들어졌

는데, 이런 도시가 그 이전에 중국에는 없었다고 하셨으니까 당연히 중국적인 도시라고 말할 수 없습니다. 다만 궁궐이 남쪽을 향했고, 그 앞쪽에 주요 관청을 배치했으며, 종묘를 궁궐의 왼쪽에, 사직단은 궁궐의 오른쪽에 배치한다는 좌조우사左祖右社의 원칙을 따른 것은 중국적인 도시라 할 수 있습니다. 하지만 그것도 풍수의 명당 논리에 따라 좌우대칭이 아니게 되어서 변형되었다고 말씀하셨으니까 온전히 중국적인 도시라고는 말할 수 없습니다.

삼봉 지금까지 말씀드렸던 이야기를 잘 정리해 주셨네요. 서울은 중국 수도 건설의 지침서였던 『주례고공기』와 비교하든, 실존했던 명나라와 청나라의 수도 북경과 비교하든 비슷한 점은 잘해야 5퍼센트 정도라고만 말할 수 있을 뿐입니다. 그러니 자꾸 중국적인 도시계획 또는 수도계획의 관점에서 서울을 바라보려 한다면 서울의 도시계획과 구조, 상징 체계를 전혀 이해할 수 없을 것입니다. 여기서 질문 하나 더 드리겠습니다. 새 수도 서울은 유교의 도시라고 말할 수 있나요? 이번엔 궁금 씨가 한번 대답해 보실래요?

궁금   음…… 지금까지 말씀하신 이야기에 입각해 보면 딱히 유교의 도시라고 말하기 어려울 것 같습니다. 그냥 풍수도시라고 말하는 게 사실에 훨씬 부합한다고 봅니다.

삼봉   그렇죠? 풍수도시라고 하는 게 서울을 이해할 수 있는 핵심 포인트입니다. 다만 풍수를 종교적 신앙으로까지 믿고 있는 기존의 풍수 논리를 벗어나야 서울의 도시계획과 구조, 상징 체계를 제대로 이해할 수 있을 것입니다. 그런데 의문이 하나 생겼습니다. 조선은 불교의 나라 고려를 배척하고 유교의 나라를 지향했다고 다 알고 있는데요. 지금까지 말씀드린 이야기에서 유교의 냄새를 그래도 풍기는 것으로는 잘해야 면조面朝, 좌조우사左祖右社 정도밖에 없잖아요. 이래서야 유교의 나라 조선을 건국하는데 핵심적인 역할을 한 혁명가 정도전이 건설한 수도였다고 말할 수 있겠습니까? 제가 그랬을 리가 없겠죠? 이제부터 본격적으로 유교의 나라 조선의 상징을 서울 곳곳에 심어 놓은 이야기를 간단하게 드리려고 합니다.

시리   그동안 선생님의 말씀을 들으면서 좀 이상하다고 여기긴 했습니다만, 그래도 워낙 이야기가 파격적이고 재미 있어서 그냥 넘어갔던 것이 바로 그 부분입니다. 혹시 우리들이 찾기 어렵게 꼭꼭 숨겨 놓으신 건가요?

삼봉 하하하! 꼭꼭 숨겨 놓았냐고요? 아니요. 누구든 쉽게 다 알 수 있도록 해 놓았습니다.

궁금 지금까지 들은 이야기 속에서는 없었던 것 같은데요?

삼봉 예. 이미 앞에서 이야기했듯이 거의 없었어요. 아직 말을 안 했으니까요. 그럼 어디에 유교의 나라 조선의 상징을 심어 놓았느냐 하면요. 바로 궁궐과 성문의 이름에 심어 놓았습니다. 먼저 궁궐부터 볼까요? 궁궐이 완성된 9월 29일에서 얼마 지나지 않은 10월 7일에 주상 전하께서 그 동안 궁궐을 짓느라 수고했다며 궁궐의 이름과 그 안의 중요한 건물의 이름도 당연히 계획자인 저에게 지으라고 명하셨습니다. 지금 여러분들이 잘 알고 있는 경복궁, 강녕전康寧殿, 사정전思政殿, 근정전勤政殿, 근정문勤政門 이런 이름들이 다 제가 지은 것들입니다.

시리 선생님, 신하와 백성들이 궁궐과 주요 건물의 이름을 일상적으로 부르거나 기록해야 한다는 점을 이용하여 그 안에 유교의 나라 조선의 상징을 심어 놓으신 거네요?

삼봉   바로 그거죠. 눈으로 확인할 수 있는 풍수도시의 구조
　　　 와 상징 위에, 말로 부르고 글로 쓸 수밖에 없는 유교적
　　　 이름을 덧씌워서 새 수도 서울은 유교의 나라 조선의
　　　 상징임을 늘 잊지 않도록 만든 겁니다.

궁금   저 이름들을 보면 누구나 유교의 나라 조선을 생각할
　　　 수 있다는 거네요? 선생님, 그런데 저 이름들이 유교와
　　　 어떤 연관이 있는 건가요?

삼봉   예, 맞아요. 조선 사람들은 저 이름들만 들으면 조선이
　　　 유교의 나라임을 금방 떠올릴 수 있습니다. 그러면
　　　 왜 그러냐? 제가 경복궁이란 이름을 왜 지었는지 주
　　　 상 전하께 설명한 내용을 그대로 가져왔습니다. 들어
　　　 보시죠.

　　　　신이 분부를 받자와 삼가 손을 모으고 머리를 조아
　　　 려 『시경詩經』 주아周雅편에 있는 '이미 술에 취하고
　　　 이미 덕에 배부르니 군자는 영원토록 그대의 크나큰
　　　 복(景福)을 모시리라.(旣醉以酒, 旣飽以德, 君子萬年, 介爾
　　　 景福)'라는 시를 외우고, 새 궁궐을 경복궁이라고 이

름 짓기를 청하오니, 전하와 자손께서 만년 태평의 업적을 누리시고, 사방의 신하와 백성으로 하여금 길이 보고 느끼게 하옵니다. 그러나 『춘추春秋』에 '백성을 중히 여기고 건축을 삼가라.'고 했으니, 어찌 임금이 된 자로 하여금 백성만 괴롭혀 스스로 자랑하라는 것이겠습니까? 넓은 방에서 한가히 거처할 때에는 빈한한 선비를 도울 생각을 하고, 전각에 서늘한 바람이 불게 되면 맑고 그늘진 것을 생각해 본 뒤에 거의 만백성의 봉양하는 데 저버림이 없어야 할 것입니다. 그러므로 한꺼번에 말씀드립니다.

궁금 선생님, 경복궁이란 궁궐 이름을 지을 때 저렇게 심오한 뜻을 생각하면서 지으신 건가요? 정말 멋진데요?

삼봉 궁궐이나 사원 등 중요 건축물의 이름을 지을 때 심오한 뜻을 담지 않은 문명권이나 나라가 있었을까요? 그럴 리가 없죠. 조선 건국을 주도한 저라고 예외일 수 없고요. 경복궁景福宮이란 궁궐 이름에 조선이란 나라가 어떤 나라가 되어야 하는지 큰 방향을 담아내고 싶었습니다. 다만 오늘은 새 수도 서울의 도시계획이 담고 있는 의미를 살펴보는 자리잖아요. 그런 관점에서 볼 때 제가 주상 전하께 궁궐 이름을 왜 경복궁으로 지었는지 설명한 글에서 여러분이 주목해야 할 부분은, 심오한 뜻이 아니라 『시경』과 『춘추』라는 책의 이름 바로 그것입니다.

시리 『시경』과 『춘추』가 유교의 경전이란 사실이 중요하다는 의미네요?

삼봉 바로 그겁니다. 경복궁이란 궁궐 이름뿐만 아니라 그 안의 중요 건물 이름 거의 모두를 유교의 경전에 있는 어떤 문구나 의미를 따서 붙였습니다. 다시 말해 경복궁은 유교의 경전에 나오는 원리에 따라 우리 조선을 다스리는 심장이라는 선언입니다.

시리 이름 하나하나의 심오한 뜻을 새기는 것도 중요하지만 그 전체가 유교의 나라 조선을 상징한다는 의미를 놓치지 말아야 한다는 말씀이네요. 선생님, 혹시 궁궐 말고 다른 건축물의 이름도 붙인 적이 있으신가요?

삼봉 이미 앞에서 이야기한 바 있습니다. 서울을 드나드는 성문의 이름도 제가 다 지은 겁니다. 『주례고공기』에는 수도의 성문을 동서남북 각각 3개씩 총 12개의 문을 만

들도록 되어 있는데요. 명나라와 청나라의 수도였던 북
경도 그렇게 되어 있습니다. 하지만 우리 서울은 지형
과 간선도로망을 고려하여 대문 4개와 소문 4개 총 8개
의 문을 만들었습니다. 4대문으로는 서울 성곽의 정문
이라 할 수 있는 남쪽에 숭례문崇禮門, 서쪽에 돈의문敦
義門, 동쪽에 홍인문興仁門, 북쪽에 숙청문肅淸門이란 이
름을 지었습니다. 4소문으로는 서남쪽에 소덕문昭德門,
서북쪽에 창의문彰義門, 동북쪽에 홍화문弘化門, 동남쪽
에 광희문光熙門이란 이름을 붙였죠. 모두 인仁·의義·예
禮·덕德 등 유교의 핵심 덕목과 관련지어 지은 건데요,
후대에 일부 바꾼 이름들도 같은 맥락에서 지어졌습니
다. 서울 성곽을 드나드는 모든 사람들이 유교의 덕목
을 일상적으로 부르고 기록하게 함으로써 유교의 나라
조선을 한시도 잊지 말라는 상징을 담고 있습니다.

시리 풍수의 논리에 따라 위치가 결정되고 도시계획이 세워
져 건설되었지만 그 안에 담겨 있는 알맹이는 유교였
다는 의미로 들어도 될 것 같네요.

삼봉 안시리 아나운서가 잘 표현해 주셨네요. 서울은 풍수라
는 그릇 속에 유교라는 의미를 담은 도시였습니다. 풍

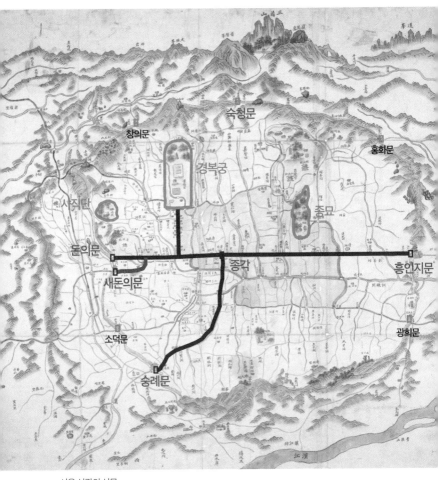

서울 성곽의 성문

수와 유교가 묘하게 결합된 도시라고 할까요? 이런 도시는 세계에서 우리나라밖에 없습니다.

시리 '풍수라는 그릇 속에 유교라는 의미를 담은 도시'라…… 풍수는 유교와 궁합이 아주 잘 맞았던 사상이라는 생각이 듭니다.

삼봉 아휴~ 그건 너무 지나친 생각입니다. 풍수는 유교만이 아니라 불교, 민간신앙과도 잘 어울렸습니다. 아마 이 얘기에 대해서는 '역사 인물 환생 인터뷰' 제작팀에서 초청할 다른 분들을 통해 자세히 들을 수 있지 않을까 합니다.

시리 제가 서울 하나만을 사례로 보고 너무 단순하게 생각한 것 같습니다. 풍수와 불교의 만남은 어땠을지, 또 풍수와 민간신앙과의 만남은 어땠을지 기대가 큽니다.

삼봉 아마 기대하셔도 괜찮을 겁니다. 이제 얼추 제 이야기는 끝난 것 같은데요. 혹시 더 질문하실 것 있나요?

성곽 방어력이 높지 못한 이유

궁금 선생님, 음…… 질문 드릴까 말까 고민한 것이 하나 있는데요.

삼봉   예. 뭐든 좋으니 질문하세요.

궁금   예, 그럼 질문 드리겠습니다. 제가 외국 여행을 여기저기 좀 다닌 편인데요. 서울 성곽의 높이에 비해 중국, 일본, 인도, 유럽 등 다른 지역에서 본 성곽의 높이가 훨씬 높아서 너무 놀랐습니다. 제가 첫 번째로 본 외국 성곽은 중국 북경의 자금성이었는데요. 엄청난 높이의 성곽을 보고서는 역시 큰 나라는 다르다고 생각했습니다. 그런데 일본, 인도, 유럽 등 여러 지역을 가 보니까 자금성만 높은 것이 아니라 다들 높더라고요. 평지성의 경우 성벽 밖에는 좁게는 10미터, 넓게는 50미터에 이르는 넓은 물웅덩이인 해자垓子가 다들 있었는데요. 서울 성곽에서 평지인 동대문과 평지에 가까운 남대문에는 이런 해자도 없었습니다. 왜 서울 성곽의 높이가 그렇게 낮은 것인지, 해자는 왜 없는 것인지, 저 정도의 높이와 해자도 없이 공성전이 벌어졌을 때 방어해 낼 수 있는지 그런 게 궁금했습니다.

삼봉   저의 뼈를 때리는 질문입니다. 이런 질문 안 나올 수 있는 성곽을 쌓고 싶었던 것이 그 당시 저의 솔직한 심정이었는데요. 그게 제 맘대로 되지가 않더라고요. 너무 아쉽고 마음이 아팠지만 당시 급박하게 성곽을 쌓아야 되는 상황 때문에 지금 여러분이 보고 계신 높이의 성벽을 쌓을 수밖에 없었습니다. 이 점, 저에게는 너무 아픈 기억입니다.

시리 선생님, 저도 여기저기 외국 여행을 하면서 높은 성벽을 정말 많이 봤는데요. 그때마다 궁금 씨처럼 '서울 성곽은 왜 저렇게 높게 짓지 않았지?' 하는 생각을 지울 수가 없었습니다. 아무리 상황이 급박했더라도 왜 저렇게 낮은 성곽을 만들 수밖에 없었던 것인지 정말 궁금합니다.

삼봉 개성의 성곽 때문이에요.

시리 예? 그게 무슨 말씀인가요?

삼봉 단도직입적으로 말해서 서울 성곽의 높이는 개성 성곽의 높이와 같습니다. 당시의 사람들 대다수가 개성 성곽의 높이를 표준으로 생각하고 있었는데요. 저는 그 높이가 너무 낮고 해자도 없어서 공성전이 벌어졌을 때 방어력이 없다는 것을 잘 알고 있었습니다. 지금 돌이켜보면 정말 너무 아쉬운 부분인데요. 그때는 상황이 너무 급박해서 적극적으로 설득할 엄두를 내지 못했습니다.

궁금 저는 그렇게 방어력이 없는 성벽의 높이를 표준으로 생각하고 있었다는 게 이해가 잘 안 되는데요?

삼봉 저도 개인적으로는 도대체 이해가 가지 않습니다. 하지만 후삼국시대 만들어진 풍수도시 개성이 고려시대 내내 수도의 전형이 되어 문화유전자로 자리 잡으면서 우리 조선의 새 수도 서울에까지 이어졌다는 것을 생각하시면, 개성 성곽의 높이도 쉽게 바꾸기 어려웠던 상황을 그래도 좀 이해할 수 있지 않을까 합니다.

시리 성곽의 높이만 따로 떼어 놓고 이해하려 하지 말라는 말씀인가요?

삼봉 맞아요. 풍수도시 개성은 하나의 잘 짜여진 세트입니다. 그 안에서 일부를 떼어 내어 바꾼다는 건 엄청 어려운 일입니다. 그럼에도 제가 바꾼 것이 있긴 있죠. 『주례고공기』의 전조前朝와 좌조우사左祖右社의 원리였는데요. 하지만 그것도 풍수의 원리에 따라 변형되었다는 것은 이미 설명 드린 그대로입니다. 성곽과 해자도 옳고 그르냐를 떠나서 이미 문화유전자로 굳어져서 바꾸기 어려웠던 부분으로 이해해 주시면 좋겠습니다.

시리   선생님, 그때는 문화유전자로 굳어져서 바꾸기 어려웠다는 말씀은 이해하더라도 후삼국시대 풍수도시 개성을 처음 만들 때는 상황이 좀 다르지 않았을까요?

삼봉   예, 상황이 많이 달랐겠죠. 동아시아는 물론 우리나라 역사에서도 풍수도시가 처음 만들어질 때였으니까 문화유전자로 굳어져 있었을 리는 없겠죠. 그때 방어력이 거의 없는 개성의 성곽이 어떻게 축조될 수 있었는지 많이 궁금하실 겁니다. 저도 어느 정도 설명할 수는 있는데요. 이미 '역사 인물 환생 인터뷰' 제작팀이 풍수도시 개성을 준비하고 있으니까 그때 출연하신 분들에게 더 자세하게 물어보시면 충분한 답을 얻을 수 있지 않을까 합니다. 저는 제가 새 수도 서울의 성곽을 축조할 때 개성 성곽의 높이를 표준으로 여기는 사람들의 경향을 바꾸지 못했다는 사실만 말씀드리고 넘어가겠습니다.

궁금   방어력이 거의 없는 개성의 성곽이 어떻게 축조될 수 있었는지 풍수도시 개성편이 무척 기대가 됩니다. 그런데 선생님, 갑자기 궁금한 게 하나 생겼습니다.

삼봉 뭔가요? 갑자기라고 하니까 좀 떨리는데요?

궁금 선생님은 공성전이 벌어졌을 때 개성 성곽의 방어력이 거의 없다는 사실을 어떻게 아셨나요?

삼봉 아, 그거요? 제가 명나라에 사신으로 여러 차례 다녀왔다고 했잖아요. 그때 명나라의 수도였던 남경南京뿐만 아니라 여러 성을 거쳐 갔는데요. 처음 봤을 때 놀라서 까무러치는 줄 알았습니다. 성곽의 높이가 정말 장난이 아니게 높았고, 평지성의 경우 넓은 해자를 모두 갖추고 있었습니다. 그런 성곽들을 볼 때마다 '저 정도는 되어야 방어력이 있겠구나!' 이런 생각을 지울 수가 없었죠. 그래서 돌아와서 기회가 있을 때마다 친한 사람들에게 얘기를 했는데요. '안 가 본 사람이 가 본 사람을 이긴다'라는 말이 있듯이 씨알도 안 먹히더라고요. 그때 왜구의 노략질이 엄청 심했던 우리나라 경상도의 해안가를 중심으로 많은 읍성이 만들어지고 있었는데, 그 읍성의 성곽 높이도 다 개성과 비슷했습니다. 그러니 방어력이 있을 리 없죠. 그럼에도 대다수의 사람들 머릿속에는 방어력이 있는 것처럼 여기더라고요. 참 답답했죠. 하지만 결국엔 바꾸지 못했습니다.

시리 그때, 선생님 말고도 명나라에 사신으로 다녀온 사람이
      엄청 많지 않았나요?

삼봉 맞아요. 엄청은 아니어도 꽤 있었죠. 그런데 그들 모두
      그 문제를 들추지도 않더라고요. 그것도 정말 신기했
      죠. 도대체 왜 그런 현상이 벌어지는지 저도 무척 궁금
      했습니다. 나중에 가만히 생각해 보니까 원나라 간섭기
      에는 엄청나게 높고 넓은 해자를 갖춘 성곽이 즐비했
      던 원나라 땅을 훨씬 더 많은 사람들이 수시로 오고갔
      잖아요. 그럼에도 개성의 성곽은 바뀐 게 하나도 없었
      습니다. 제가 가까이서 모셨던 고려 공민왕(1330~1374
      년)의 경우 어마하게 높고 넓은 해자를 갖춘 원나라의
      대도大都에서 태어나 자랐잖아요. 그런 공민왕이 고려
      에 돌아와 임금이 되었음에도 개성의 성곽을 왜 바꾸
      지 않았을까? 처음에는 이해할 수가 없었습니다. 그러
      다가 바꾸지 않은 것이 아니라 바꾸지 못한 것이라는
      결론에 도달했죠. 문화유전자로 굳어져 있어서 그걸 바
      꾼다고 하면 고려의 정체성을 흔드는 것이라고 여긴
      사람들의 극심한 반대에 부딪힐 수밖에 없었을 테고,
      공민왕은 자신이 추진했던 개혁정치에 큰 차질을 빚을

수밖에 없다고 판단하여 아예 시도조차 하지 않은 거라고 생각했어요.

시리 정말 지금으로서는 이해할 수가 없는 현상인데요. 그때의 상황으로 돌아가면 이해할 수도 있을 것 같습니다. 그렇더라도 아쉬운 부분입니다. 임진왜란 때도, 병자호란 때도 서울은 방어하다가 함락된 것이 아니라 방어 자체를 포기했는데요. 공성전이 벌어졌을 때 방어력이 거의 없다고 판단했기 때문이 아닐까 합니다. 그런 성곽이 만들어진 것이 참 미스터리인데요. 나중에 풍수도시 개성 사간에 자세히 알아봐야겠습니다.

삼봉 예, 그렇게 하시죠. 하하하! 누차 말하지만 저는 대략 알고 있기는 합니다만 그때 초대된 분들에게 듣는 것이 훨씬 더 생동감 있을 겁니다. 그런데 여기서 서울 성곽의 방어력이 없는 이유가 약 18킬로미터에 이르는 모든 성곽 부분 때문으로 착각해서는 안 된다는 말씀은 꼭 드리고 싶습니다.

궁금 그럼 선생님, 전 부분이 아니라 일부분 때문에 방어력이 없다는 뜻인가요?

삼봉 맞아요. 일부분 때문이에요.

궁금 그 일부분이 어디인가요?

삼봉 평지나 평지에 가까운 부분입니다. 경사가 큰 산줄기
     에 쌓은 성곽의 경우 해자 없이 3~5미터 높이만 되어
     도 방어력이 아주 높습니다. 세계 최고의 초대형 방어
     요새인 남한산성에 가 보면 쉽게 알 수 있는데요. 바깥
     쪽의 경사가 심해서 해자 없이 그 정도 높이만 되어도
     바깥쪽에서 공격하기가 정말 어렵거든요. 여러분들이
     외국에 가서 보고는 깜짝 놀랐던 높은 성벽과 넓은 해
     자가 있는 평지의 어떤 성곽보다 남한산성의 방어력이
     더 높습니다. 물론 남한산성만 그런 것이 아니라 대부
     분의 산성이 다 그렇습니다. 이런 관점에서 보면 서울
     성곽 중 높은 산줄기에 축조된 성벽 또한 높이가 3~5
     미터로 낮고 해자가 없더라도 바깥에서 공격하기가 정
     말 어렵다는 것을 금방 짐작할 수 있을 겁니다. 그런 성
     벽이 전체에서 차지하는 비율이 압도적으로 많잖아요.
     평지나 평지에 가까운 부분은 동대문인 흥인지문 부
     근과 남대문인 숭례문 부근 정도에 불과하여 전체 성
     벽에서 차지하는 비율은 아주 낮습니다. 만약 그런 곳
     에 다른 지역의 평지성처럼 12미터 높이 이상의 성벽

을 쌓고 넓은 해자를 만들었다면 서울 성곽의 방어력은 아주 높았을 거예요. 하지만 아쉽게도 그런 곳의 성벽 높이가 잘해야 7~8미터 정도이고 해자도 없어서 방어력이 거의 없다고 해도 할 말이 없습니다.

시리 선생님, 서울 성곽 중에서 방어력이 거의 없는 부분의 비율이 그렇게 낮은데도 공성전이 벌어졌을 때 전체적인 방어력이 없다고 말할 수 있나요?

삼봉 성곽 중에서 방어력이 거의 없는 부분이 조금이라도 있으면 그 성곽의 전체적인 방어력은 거의 없는 것이나 마찬가지입니다. 자, 들어 보세요. 성곽과 해자는 밖에서 공격하는 힘이 안쪽보다 훨씬 강해도 장기전으로 맞서 싸울 수 있게 해 주는 역할을 합니다. 그래서 공성전은 안쪽과 바깥쪽의 힘이 비등비등할 때는 거의 발생하지 않고, 바깥에서 공격하는 힘이 안쪽에서 방어하는 힘보다 훨씬 강할 때 주로 발생합니다. 따라서 바깥쪽의 공격에 성곽의 한 곳이라도 뚫리면 바깥쪽의 힘이 물밀듯이 성곽 안으로 밀려들어 오게 되어 그 성곽은 대부분 함락되어 버립니다.

궁금 그러니까 바깥쪽에서 공격하는 자들은 모든 성벽을 동

숭례문 (위)과 흥인지문 (아래)

일한 힘으로 공격하지 않고 약한 몇 곳만을 집중 공격
하여 뚫어 내려 한다는 뜻인가요?

삼봉 바로 그거예요. 모든 성벽을 동일한 힘으로 공격하는
바보는 옛날에 없었습니다. 다들 약한 곳이 어디인지
찾아내어 그곳을 집중 공격하여 뚫어 내려 했죠. 그건
공성전의 기본입니다. 만약 서울 성곽을 사이에 두고
공성전이 벌어졌다면 공격하는 측에서도 동대문과 남
대문 지역을 집중 공격했을 것이고, 방어하는 측에서는
그 지역을 집중 방어했을 겁니다. 임진왜란과 병자호란
때 서울에 도착했던 일본군이나 청나라군의 힘이 조선
군과 비슷했거나 약간만 강했더라면 서울 성곽을 사이
에 두고 공성전이 벌어졌을 수도 있습니다. 하지만 힘
의 차이가 너무 컸고, 그럴 때 서울 성곽을 믿고 방어전
을 벌이는 것은 자살행위와 같은 거죠.

시리 선생님, 궁금한 것이 또 생겼습니다. 그러면 선생님이
서울 성곽을 진두지휘하여 쌓을 때 방어력을 전혀 생
각하지 않은 건가요?

삼봉 하하하! 저는 방어력이 없다고 생각했다고 이미 말했
잖아요. 하지만 그런 저의 생각을 쉽게 표현할 수는 없

었어요. 결국 저는 어쩔 수 없이 거짓말을 할 수밖에 없었던 거죠.

궁금 무슨 거짓말을요?

삼봉 방어력이 없다는 걸 알면서도 방어력이 있는 것처럼 말하고 행동해야 했습니다. 그렇게 하지 않았다면 서울의 성곽 건설에 동원되어 엄청난 고생을 하면서 쌓았던 전국의 백성들이 가만히 있었을까요? 저로서는 어쩔 수 없었습니다. 물론 그렇다고 거짓말을 막 떠들고 다니지는 않았고, 어쩔 수 없을 때만 거짓말을 했습니다. 궁여지책이었죠.

궁금 혹시 방어력이 없는데도 방어력이 있는 것처럼 쌓은 흔적이 지금 남아 있나요?

삼봉 와~ 궁금 씨가 점점 더 집요해지네요. 예, 그런 흔적이 남아 있습니다.

궁금 어딘가요?

삼봉 숭례문에 가면 성곽이 안쪽으로 많이 휘어져 있습니다. 그리고 휘어진 가장 안쪽에 숭례문을 만들었는데요. 공성전이 벌어졌을 때 숭례문을 공격하는 적을 양쪽의 성곽에서 협공하도록 만든 겁니다. 이런 방식은

산성의 가장 낮은 곳에서 많이 나타나는데, 거기에서는 꽤 효과적입니다. 하지만 평지에 가까운 숭례문에서는 성벽의 높이가 너무 낮고 해자도 없어서 효과가 별로 없습니다. 그럼에도 만들 때는 제가 효과가 있는 것처럼 말했거든요.

시리 선생님, 혹시 동대문, 즉 흥인지문의 옹성甕城은 어떻게 봐야 하나요?

삼봉 이젠 안시리 아나운서까지 집요해집니다. 흥인지문과 그 주변의 성벽 자체도 너무 낮고 해자가 없어서 방어력이 거의 없고요. 옹성도 마찬가지입니다. 옹성은 성문의 방어력을 높이려고 만듭니다. 그러려면 높은 성벽과 넓은 해자가 기본적으로 갖추어져 있어야 합니다. 하지만 흥인지문은 전혀 그렇지가 않잖아요. 여기서도 저는 이미 방어력이 없다는 걸 알고 있었지만 평지가 가장 넓은 지역이라서 이 문에만은 옹성을 만들어야 방어력이 있다고 거짓말을 했습니다. 그래야 긴장감을 갖고 성문을 만들 것이라 생각했기 때문입니다.

시리 선생님, '한양도성은 전쟁을 대비한 성곽이 아니라 도시의 울타리인데, 방어 목적의 성으로 아는 사람이 많다.'며 '서울을 수비하려고 쌓은 성은 남한산성과 북한산성'이라는 말이 돌고 있는데요. 이에 대해서는 어떻게 생각하시나요?

삼봉 방어력이 없는 서울 성곽이 왜 만들어지게 되었는지 긴 역사 속에서 살펴보지 않은 사람들이 말하는 사후적인 그럴듯한 합리화일 뿐입니다. '서울을 수비하려고 쌓은 성은 남한산성과 북한산성'이란 말은 그럴듯해 보이지만 그건 임진왜란과 병자호란을 거치면서 서울 성곽이 거의 방어력을 갖고 있지 못하다는 사실이 확인되고 나서 나온 말입니다. 저야 당연히 알고 있었지만 임진왜란 이전의 조선 사람들 대부분은 서울 성곽이 방어력을 갖고 있다고 착각하며 살고 있었습니다. 조선에서는 건국 후 200년 가까이 수도까지 함락되는 큰 전쟁이 일어나지 않아서 서울 성곽의 방어력이 시험대에 오르지 않아 그 착각이 사라지지 않았습니다. 다만 여기서도 하나 꼭 말하고 싶은 게 있는데요. 도시를 둘러싼 성곽은 전쟁 때는 방어의 역할이 당연히 가장 중요합니다. 하지만 평화 시기에는 도시를 드나드는 사람들을 통제하는 역할이 가장 중요했죠. 그렇다고 해서 '한양도성은 전쟁을 대비한 성곽이 아니라 도시의 울타리인데, 방어 목적의 성으로 아는 사람이 많다'고 설명하는 것은 지나친 것입니다. 서울 성곽뿐만 아니라 세계 모든 지역의 성곽이 다 그랬으니까요.

서울이 세계문명을 풍부하게 하다

시리   선생님, 이제 시간이 다 되어 가고 있습니다. 지난 4주 동안 선생님께 들은 새 수도 서울의 도시계획 이야기는 정말 흥미로웠는데요. 일반적으로 우리가 보거나 배워 왔던 도시들과는 너무나 많이 달랐습니다.

삼봉   정말 많이 달랐죠? 제가 살아 있을 때 볼 수 있던 도시는 우리나라와 중국 도시밖에 없었는데도 저는 개성과 새 수도 서울의 도시가 독특하다고 생각했어요. 아니나 다를까 하늘나라에 가서 세계 여러 문명과 나라의 도시들을 살펴보다 보니까 참 많이 독특하더라고요. 입지, 구조, 상징, 성곽 등등 어느 측면에서도 비슷한 도시를 찾아볼 수 없었습니다. 그래서 그때 생각했죠. 새 수도 서울의 도시계획을 이해할 수 있는 사람이 거의 없겠구나! 하고 말이죠.

시리 하늘나라에서 이승의 세계를 내려다보실 때 많이 답답
하셨을 것 같습니다.

삼봉 많이 답답했죠. '전통시대 자연과 인간세계를 만들고
움직인 힘의 근원은 하늘', '임금의 권위가 살아 있는
풍경의 연출' 등 세계 문명의 보편성을 구체적으로 어
떻게 실현했는가의 관점에서 새 수도 서울의 도시계
획을 살펴봐야 제대로 이해할 수 있는데, 자꾸 보편성
을 상실한 채 서양에 대비되는 '우리만의', '동아시아
만의', '유교의' 뭔가를 찾아내려고만 애를 쓰더라고요.
정말 안타까웠죠. 하지만 언젠가는 새 수도 서울의 도
시계획을 이해할 수 있는 사람이 나타날 것이라고 기
대하고는 있었습니다. 그런데 아무리 기다려도 나타나
지를 않더라고요. 그러다가 '역사 인물 환생 인터뷰' 제
작팀에서 저에게 출연 요청을 해 왔죠. 설계자인 제가
직접 들려줄 수 있는 기회가 왔다고 생각하여 반가웠
습니다.

시리 선생님, 당연한 것이지만 새 수도 서울도 세계 문명의
보편성을 잘 담고 있지만 구체적인 측면에서는 다른

문명이나 나라의 수도와 비교할 때 비슷한 것을 거의 찾을 수 없을 정도로 독특하잖아요. 그런 측면에서 마지막 질문 하나 드리겠습니다. 그런 서울의 모습이 세계 역사에 던지는 메시지는 무엇이라고 생각하십니까?

삼봉 새 수도 서울의 도시계획은 세계 문명을 풍부하게 해 줄 수 있을 겁니다. 세계 역사에서 어떤 것이 역사의 상식인줄 알았는데 그렇지 않은 것도 있다는 것을 알게 되면 역사의 새로운 상식을 다시 만들어 가야 하는 과제가 생기는 거잖아요. 지금까지 그 누구도 이해하지 못했던 새 수도 서울의 도시계획에 대한 새로운 발견은 여파가 클지 작을지는 모르겠지만, 역사의 새로운 상식을 만들어 나가는 출발점이 될 수 있지 않을까요?

시리 무슨 말씀인지 충분히 이해할 수 있을 것 같습니다. 선생님, 지난 4주 동안 출연하신 소감을 마지막으로 짧게 말씀해 주신다면요?

삼봉 답답했던 마음을 풀 수 있는 기회를 주셔서 감사합니다. 그리고 600년 만에 이승 구경 실컷 할 수 있는 행운을 갖게 되어 즐거웠고요. 아쉽기도 하지만 며칠 동안 이승 구경 마음 편하게 더 하고 하늘나라로 무사히 귀

환하도록 하겠습니다.

궁금   저도 매우 즐거운 시간이었습니다. 정도전 선생님께 깊은 감사 인사드립니다.

시리   선생님, 저희도 그동안 감사하고 즐거웠습니다. 자, 이것으로 새 수도 서울의 도시계획을 설계하신 정도전 선생님을 모시고 이야기를 듣는 시간을 모두 마치도록 하겠습니다. 이야기의 주인공이셨던 정도전 선생님, 궁금 씨, 청중 열 분, 그리고 늦은 밤까지 시청해 주신 시청자 여러분 모두 감사드립니다. 안녕히 계십시오.

도판 제공

34, 77, 93, 120, 149, 200p **도성도** 서울대학교 규장각 소장

49p **종묘 정전, 사직단** 국가문화유산포털

121, 154, 157p **항공사진** 국토지리정보원

160p **북경도성삼가육시오단팔묘전도** 서울대학교 규장각 소장

211p **숭례문, 흥인지문** 국가문화유산포털